LEONARDO STOPPA

ENTREGA DO SISTEMA ELÉTRICO

O CRIME DO SÉCULO

KOTTER
EDITORIAL

Coordenação editorial: Sálvio Nienkötter
Editor-executivo: Francieli Cunico
Editores-assistentes: Daniel Osiecki
Capa: Jussara Salazar
Design editorial: Carlos Garcia Fernandes
Produção: Cristiane Nienkötter

Dados Internacionais de Catalogação na Publicação (CIP)
Angelica Ilacqua CRB-8/7057

Stoppa, Leonardo
Entrega do sistema elétrico : o crime do século / Leonardo Stoppa. -- Curitiba : Kotter Editorial, 2021.
136 p. : il.

ISBN 978-65-89624-87-5

1. Energia elétrica - Brasil - Aspectos políticos 2. Serviços de eletricidade - Brasil 3. Energia elétrica - Comercialização - Brasil 4. Política energética - Brasil I. Título

CDD 333.79320981

21-3621

KOTTER EDITORIAL

Kotter Editorial Ltda.
Rua das Cerejeiras, 194
CEP: 82700-510 - Curitiba - PR
Tel. + 55(41) 3585-5161
www.kotter.com.br | contato@kotter.com.br

Feito o depósito legal
1ª Edição
2021

LEONARDO STOPPA

ENTREGA DO SISTEMA ELÉTRICO

O CRIME DO SÉCULO

SUMÁRIO

Introdução ao sistema elétrico

Usinas geradoras de eletricidade

São várias as formas como a energia elétrica pode ser gerada. No Brasil, as mais importantes são a hidrelétrica e a termelétrica. Apesar do clamor público pelo aumento da geração eólica e solar, não é possível produzir toda a energia de um sistema elétrico a partir de energia não controlável (lembre-se: "não podemos estocar o vento!"). Como podemos estocar água e podemos estocar combustíveis como óleo e carvão, as únicas formas de produção significantes que temos real controle são as hidrelétricas e termelétricas.

Além de serem extremamente caras, geradoras solares e geradoras eólicas são sim poluentes! Ao serem fabricadas, elas também geram impacto ambiental, desta forma, é imprescindível que o formador de opinião não caia na tentação de achar que se trata de energia pura, cristalina e 100% verde!

Quando a imprensa se concentra no sentido de criticar a geração de energia hidrelétrica ou mesmo a geração nuclear, ela incentiva a construção de geradoras térmicas, que são muito mais poluentes e danosas. Durante a leitura deste livro você entenderá que tudo se trata de uma jogada: os empresários donos das usinas térmicas pagam a imprensa para criticar e inviabilizar a construção de hidrelétricas, deste modo, eles lucram muito mais!

O mais importante que você precisa entender sobre geradoras é que a energia precisa ser gerada, logo, se não gerarmos com água, vamos gerar com fogo, e pior: gerar com fogo pode ser até 400 vezes mais caro que gerar com água!

Usinas hidrelétricas

Usina hidrelétrica de Itaipu – fonte: Google Images.

Produzem energia a partir da queda d'água (energia potencial da água).

Prós: acredito ser a melhor forma de produção de energia pois, apesar de gerar dano ambiental (toda produção gera dano ambiental), os impactos serão locais e a produção de energia será condicionada à disponibilidade de água.

Contras: precisa ser construída em áreas com grande queda d'água e essas áreas são normalmente utilizadas por comunidades, muitas vezes reservas indígenas. Como implica na inundação de grandes lotes de terra e no reassentamento de famílias, este tipo de empreendimento abre brechas para protestos populares, acabando por tornar o investimento de alto risco.

Apesar da hidrelétrica serem "visadas" para ataques da imprensa, precisamos ter consciência que o diferencial do Brasil frente aos outros países está na nossa capacidade de produção de energia a partir de fontes renováveis, em especial, água. Não podemos cair na isca dos EUA que nos enviam ONGs para protestar e convencer nossa população que não podemos produzir energia como queremos.

Lembre-se sempre: não construir uma hidrelétrica implica em construir uma termelétrica. Nas termelétricas são produzidos gases do efeito estufa e a energia elétrica produzida por fontes térmicas encarece o preço da energia no Brasil todo, causando aumento nos custos de produção, inflações e redução sistêmica do poder de compra.

Usinas termelétricas

Usina termelétrica padrão – fonte: Google Images

Produzem eletricidade a partir da queima de algum combustível.

Prós: não dependem de chuvas, logo, produzem energia em momentos emergenciais. São importantes formas de suprir "geração de pico", que é quando o consumo ultrapassa a capacidade das hidrelétricas.

Contras: são emissoras dos gases do efeito estufa, gerando impactos ambientais de ordem global. Energia muito cara.

A geração termelétrica nasce em fazendas distantes, longe dos olhos da população, por isso, sequer é objeto de protestos populares.

Se fizermos as contas, a queima de carvão e óleo combustível serão responsáveis por muito mais impactos ambientais que todas as hidrelétricas que o Brasil teria condições de construir. O aquecimento global ocasiona o derretimento de geleiras e a modificação das zonas de cultivo, gerando impactos muito mais devastadores que os ocasionados pelas hidrelétricas.

Pergunta-se então: por que tanto investimento em termelétricas? Simples: Termelétricas são operadas por grandes capitalistas e, como o sistema elétrico não pode parar, em momentos de escassez, eles cobram o preço que querem na energia. São esses mesmos capitalistas que pagam protestos populares contra a construção de hidrelétricas!

O carvão mineral

Carvão mineral – Fonte: Google Images

O carvão mineral é utilizado na produção de energia elétrica em usinas termelétricas. Trata-se de um dos combustíveis mais poluentes do planeta.

Produção de carvão.

Produção de carvão – fonte: Google Images

Em alguns países produtores de carvão, crises políticas são mantidas para garantir que a população esteja sempre disponível para a extração de carvão a baixo custo.

Usinas termonucleares

Termonuclear de Angra dos Reis – Fonte: Google Images.

Produz eletricidade a partir de explosões nucleares controladas.

Prós: energia muito barata e sob controle do operador. Quando devidamente operada, produz o menor impacto ambiental entre as demais.

Contras: Fortemente criticada pelo risco em caso de acidentes.

As geradoras nucleares são as principais fontes de energia na Europa e, mesmo com o susto causado pelo desastre em Fukishima (Japão), elas jamais serão abandonadas em prática. Apesar da polêmica envolvida no uso de energia nuclear e o destino do lixo radioativo, estamos falando da geração de energia mais barata e menos poluente estre as opções térmicas.

Os EUA vêm tentando destruir o programa nuclear brasileiro desde o governo militar, e parece que só agora, através da Operação Lava Jato, é que conseguiram botar fim ao nosso plano de soberania energética.

Mais uma vez chamo atenção dos formadores de opinião bem-intencionados: Energia Nuclear é uma energia barata colocada à disposição da população pelo preço de operação, já que o urânio é nosso! Ao criticarmos a construção de usinas nucleares estaremos deixando de produzir nossa energia de forma social e nos entregando à especulação do produtor térmico.

Sobre a polêmica envolvendo Fukushima, o maior abalo sísmico ocorrido no Brasil desde o início do monitoramento é 4000 vezes menor que o que destruiu a termonuclear do Japão, logo, jamais poderíamos tomar tal desastre como patamar, porém, pode ter certeza de que os especuladores vão pagar a imprensa oficial para amedrontar nossa população!

Transmissão e distribuição

Torres de alta tensão. Fonte: Google Images.

Durante o governo do PT, o Brasil teve um enorme investimento na transmissão e distribuição de energia, e é exatamente este investimento que a Globo criticou em sua reportagem sobre os "Erros da presidenta Dilma".

O Brasil possui um sistema interligado de eletricidade, mas nos últimos anos a rede de transmissão não estava sendo suficiente para acompanhar o aumento do consumo. O enriquecimento da população veio acompanhado de compra de condicionadores de ar, refrigeradores mais poderosos e sem contar que tivemos um grande avanço no nosso parque industrial.

Tivemos épocas no Brasil em que a energia gerada no Norte não podia ser transmitida para o Sul, desta forma, **a energia ficou até 400 vezes mais cara pela falta de redes de transmissão.**

Neste ponto, chamo atenção dos formadores de opinião quanto à manipulação criada pela imprensa hegemônica, em especial a Rede Globo. A emissora limitou-se em dizer que devido aos investimentos o brasileiro teria que pagar um pouco mais na conta de luz, mas hora nenhuma foi explicado que o resultado de não ter realizado aqueles investimentos implicaria em despachos emergenciais de geradoras térmicas, o que acabaria por encarecer a eletricidade de forma excessiva.

Trocando em miúdos e de forma bem simples: se o Brasil não tivesse investido em linhas de transmissão, o preço da eletricidade estaria nas mãos dos especuladores donos das geradoras térmicas, já que em momentos de geração emergencial, o ONS - Operador Nacional do Sistema Elétrico - tem que comprar a energia, custe o quanto custar.

Operação do sistema

ONS-Operador Nacional do Sistema. fonte: Google Images

A energia consumida precisa ser gerada, e a parte mais difícil do não especialista entender é que essa energia precisa vir de algum lugar!

O Operador Nacional faz estimativas e monitora a quantidade de energia consumida contra a quantidade gerada. A medida em que o consumo aumenta, ele vai despachando mais usinas.

Aqui você já consegue entender o porquê de não ser possível gerar toda energia com sol e vento: como não podemos controlar o quanto vai ventar, e como não mandamos no sol, seria impossível manter o sistema produzindo o mesmo tanto que é consumido se tivéssemos apenas usinas solares e eólicas. É possível que parte da geração venha de geradoras eólicas e solares, porém, a quantidade deste tipo de geração tem um limite que, se ultrapassado, apresenta risco ao sistema.

Antes de mais nada é preciso ter em mente que a Eletrobras não é uma usina geradora de energia ou uma torre instalada no meio do mato, mas uma empresa gigante no Sistema Elétrico Brasileiro. Desta forma, podemos considerar sua venda como a privatização do setor elétrico, dada a sua importância e capacidade de influência sistêmica. Por este motivo, a partir deste momento vamos mencionar a privatização da Eletrobras como a privatização do Sistema Elétrico Brasileiro.

Em primeiro lugar, a Eletrobras ainda não está privatizada. Existe o movimento para a privatização, que faz o possível para que naturalizemos a ideia de que se trata de fato consumado, mas isto ainda não ocorreu e podemos, devemos, lutar contra essa privatização.

O êxito na luta depende acima de tudo de fazermos uma comunicação inteligente, contando com cidadãos dispostos a aprofundar conhecimentos e conscientização, notadamente os formadores de opinião, sejam eles políticos, influenciadores, artistas, jornalistas etc. Temos de contar com a consciência destas pessoas, porque não dispomos de um dos fatores mais determinantes na comunicação, que é o capital a ser investido na produção e derramamento de conteúdos.

Por outro lado, a comunicação que houve até aqui tem minimizado os perigos desta privatização, focada exclusivamente no mantra segundo o qual "se privatizar, a luz vai aumentar". É verdade que a conta de luz vai aumentar, mas se as consequências desses aumentos não estão sendo devidamente explicadas, quanto menos o que representa, de fato, a entrega do controle sobre o sistema de geração e distribuição de energia de um país a um grupo privado.

A hora é grave e perigosa, importa apelar a todos: artistas, *youtubers*, políticos, empresários, enfim, a toda a sociedade, incluindo-se aí o atual presidente, que assinou a MP da privatização e os deputados e senadores que já votaram a favor dela. A privatização é ruim para todos, é perversa, compromete diretamente a segurança. Resumir as consequências ao aumento da conta de luz divide opiniões, já que os liberais acreditam que a privatização do setor de telecomunicações foi responsável pelo desenvolvimento da microeletrônica e, por outro lado, este discurso leva os próprios progressistas à crença de que "é só um aumentozinho", o que, perto do que já estamos passando, seria apenas outra "pancadinha no lombo".

Só que não é bem assim. A coisa é de uma seriedade tão extrema que tive de recorrer a escrever um livro para poder falar, ainda que só do essencial, sobre o alcance dessa privatização, sobre o desastre em que estamos nos metendo.

A Privatização do Sistema Elétrico Brasileiro - Eletrobras

Aqui abordaremos, de forma prática e direta, argumentos objetivos, dados e fatos a respeito da privatização do sistema elétrico brasileiro. Algumas palavras são necessárias antes, porém, para que contextualizemos o problema.

A ideia é conscientizar quem ainda está disposto a lutar para que não permitamos a triste entrega do Sistema Elétrico Brasileiro ao setor privado. Queremos conversar com os brasileiros conscientes e militantes, notadamente os formadores de opinião, porque houve um erro muito grande na comunicação contra tal privatização. Nos últimos tempos, deu-se uma atenção excessiva ao fato de que a conta de luz vai subir nas mãos dos empresários. Isto é verdade, mas não dá conta do real problema, que é muito mais amplo e dramático, embora não desperte muito interesse.

É preciso lançar luz sobre a dimensão do drama da privatização do Sistema Elétrico Brasileiro, para que o conheçam todos os cidadãos dos mais distintos campos ideológicos, porque se trata de assunto de interesse de toda a nação. Acresce que a credibilidade de uma informação aumenta quando há esforço comunicacional oriundo de todos os âmbitos políticos, de artistas de diversos meios, de jornalistas de variados veículos.

Infelizmente, grande parte da população percebe a venda do Sistema Elétrico Brasileiro como só mais uma privatização , ou uma "desestatização", como é o termo eufêmico dos liberais. Há pessoas que discordam disso, em geral porque acham que as estatais são importantes para o desenvolvimento e para a soberania do país, o que é verdadeiro, mas elas desconhecem qualquer razão específica. Pior, há outras que acreditam que há vantagem nisso, porque as estatais seriam cabides de emprego e a administração privada é, ou seria, mais eficiente.

A favor da privatização do Sistema Elétrico Brasileiro, encontramos dois pressupostos principais:

1) Vai acabar com a corrupção na Eletrobras;
2) A Eletrobras dá prejuízo.

Em poucas palavras, para se acreditar que a Eletrobras dá prejuízo é forçoso imaginar que haja alguém disposto a comprar uma empresa no vermelho. Quanto à corrupção, sim, ela ocorre em todas as instituições, inclusive nas privadas.

A repercussão e as consequências dessa privatização vão muito além do aumento na conta de luz, e talvez sejam incalculáveis. Parte delas já é possível perceber hoje, porque estamos vivendo uma demonstração prévia do que é uma coordenação desorganizada do sistema elétrico, que é exatamente o que o governo Bolsonaro vem promovendo, gradativa e conscientemente. O fato é que a administração errada do sistema elétrico visa criar uma oportunidade para que as empresas privadas, produtoras de energia, ganhem mais dinheiro durante essa crise. Crise de que eles mesmos são autores e que já estão anunciando aos quatro ventos.

Assuntos assim costumam envolver entusiasmos, mas aqui vamos abordar os temas de forma puramente científica, conforme são abordados nas universidades.

Tenho história, amor e formação nesta área. Aos 9 anos de idade troquei a coleção Maurício de Souza pelas revistas Eletrônica Total e Saber Eletrônica, me formando em nível técnico em 2002. Hoje sou eletrotécnico, graduado em engenharia elétrica e eletrônica, e pós-graduado em Sistemas Elétricos de Potência, que é a especialização voltada ao assunto central deste trabalho. Sou membro pleno do Instituto de Engenharia de e Tecnologia do Reino Unido, onde me graduei, e registrado no CREA/CONFEA, que é o conselho competente aqui no Brasil.

Quero compartilhar com vocês esse conhecimento científico, procurando me distanciar de qualquer "achismo" ideológico, afinal a área de elétrica inteira é produto da ciência.

Por outro lado, tenho formação em ciências políticas, com artigos e livro publicados sobre o assunto. Baseado em meus estudos, posso afirmar que estamos vivendo hoje uma experiência neocolonial. O que podemos fazer para reverter e não agravar este quadro é o que vamos discutir nestas páginas.

Tenho ainda formação superior em Economia, e com ela e os demais saberes posso, por assim dizer, cercar o problema de maneira abrangente, como se faz necessário.

Além disso, cursei e concluí uma pós-graduação em jornalismo político, e nela pesquisei e escrevi sobre o Sistema Elétrico Brasileiro.

Este texto se destina ao público em geral, mas queria começar conversando mais diretamente com os formadores de opinião. Isso porque temos visto uma ampla omissão na tratativa desse tema; a venda do Sistema Elétrico Brasileiro tem sido aceita como fato consumado e, pior: encarada como se a gente estivesse vendo o governo vender um espaço de terra para fazer uma quadra particular, e não uma empresa que é responsável por parte significativa da nossa segurança energética.

Com o crescimento da indústria e do poder de compra do brasileiro ocorridos durante os governos Lula/Dilma, o setor, que já é desde o governo FHC aberto à participação privada, recebeu também grandes investimentos estatais em geração e transmissão de energia, a exemplo da polêmica construção da Usina de Belo Monte. Contudo, a única coisa que os dois governos subsequentes fizeram foi criar condições para esvaziar os reservatórios de água e, com isso, acionar usinas térmicas. À frente aprofundaremos a questão das usinas térmicas e do boicote feito contra Belo Monte.

Há quem diga que a concorrência fará baixar a conta de luz

Existem vários mitos, várias inverdades que estão sendo disseminadas para angariar apoio social à privatização do Sistema Elétrico Brasileiro. Um dos argumentos mais difundidos é a falácia de que a concorrência vai estimular a redução dos preços. Acontece que a prática demonstra o oposto: o sistema elétrico é monopólio natural na transmissão e distribuição, simplesmente porque é inviável, antieconômico, invasivo e poluente instalar-se mais de uma rede elétrica na frente das casas, indústrias e comércios.

Mas, e a geração? Bingo! É aí que a mentira dos privatizadores se torna evidente: exatamente onde é possível haver concorrência, ela já existe e os menores preços são ofertados exatamente pelas empresas públicas, e não pelas privadas, como pensa o senso comum!

Por haver a possibilidade de o investidor privado participar do setor elétrico como gerador, ofertando seu produto ao mercado, faço a você leitor, especialmente se ainda é favorável à privatização, uma pergunta muito simples: se é por benevolência que o capitalista quer investir em nosso sistema elétrico, porque este bom samaritano não investe seu dinheiro na construção de outras geradoras, de modo que sua grande eficiência administrativa oferte ao mercado energia por preço melhor que as usinas estatais já em funcionamento? A resposta é simples: ele não vai melhorar os preços e não quer investir no Brasil. Ele quer comprar o que já está construído, por um preço muito abaixo daquele que seria necessário para construir. Mas nos aprofundaremos nessas "boas intenções" nos capítulos posteriores.

A corrupção justifica?

O segundo argumento é o "oba-oba", calcado na ideia de que as empresas públicas estariam repletas de corruptos. Não nego a existência da corrupção, mas a esmagadora maioria dos trabalhadores do Sistema Elétrico Brasileiro são pessoas concursadas, altamente preparadas para manter o sistema estável, operante e ininterrupto. Se um presidente coloca, nos poucos cargos comissionados, pessoas corruptas para fazerem negócios usando a Eletrobras, é outro assunto. O Ministério Público terá a obrigação de identificar esse corrupto e pedir ao judiciário que o puna exemplarmente. Sim, toda árvore tem algumas frutas podres. Cabe a nós selecionarmos as frutas a serem descartadas, mas nunca devemos cortar a árvore por isso.

A corrupção faz parte da nossa história, sempre houve seres humanos propensos a praticá-la. Mas eles estão tanto no setor público quanto no privado e, ao contrário do que pensa o senso comum, a corrupção no setor privado também é deletéria, também tira empregos e gera pobreza e fragilidade social. Todo o tipo de corrupção precisa ser enfrentado.

Aqui importa destacar que a privatização é, em si, a corrupção das corrupções. Citemos a Vale como exemplo. É possível dizer que os políticos não conseguiram mais ganhar dinheiro para suas campanhas com a Vale, mas o fato de que quem indicou o presidente que a dirigia quando as barragens romperam foi Aécio Neves, que é do mesmo partido do presidente que privatizou a Vale, mostra o quanto a politicagem continua, o *lobby* continua, porém, de forma cruel, desumana e sem benefícios ao povo.

É que hoje os que se vangloriam dos números da Vale, comparando receitas de antes e depois da privatização, ignoram o fato de que, privatizada, a Vale envia para seus acionistas numerários que antes poderiam ser investidos em saúde, educação e outras formas de desenvolvimento social.

Nesta hora, valho-me da metáfora do lote que era de uma família que pretendia nele construir um edifício que contemplasse um andar para cada familiar. O mais liberal da família convenceu os demais de que uma construtora seria muito mais eficiente. A família então vendeu o lote e hoje observa de longe o maravilhoso edifício construído no lugar que poderia ser a residência de todos, enquanto come pipoca com o que sobrou da venda do lote. E ouve Zé Geraldo cantar "cidadão" no radinho à pilha do gari que lhes tira o sossego, já que lhe cabe a tarefa de limpar a calçada, que neste momento assume a função de novo lar da família.

Para os que insistem nas vantagens da privatização, a Vale lhes deixou uma lição após os dois desastres ambientais ocorridos em Minas Gerais: para o setor privado o dinheiro sempre estará acima da vida. Hoje temos no Brasil centenas de barragens em circunstâncias semelhantes às daquelas que caíram e mataram muitas pessoas. É a herança da privatização da Vale, que tecnicamente chamamos de passivo ambiental. O mais assustador, porém, não é a existência de várias barragens com estrutura subdimensionada, mas a metodologia utilizada pela Vale/Samarco para decidir sobre a viabilidade da recuperação das barragens...

Segundo o deputado federal Rogério Correia, que acompanhou de perto os desdobramentos do evento acontecido em Brumadinho, a Vale opera um esquema de risco calculado, no qual entram os valores possíveis de indenização caso caia uma barragem. Se o valor a ser gasto para recuperar a barragem for maior que o valor estimado para as indenizações, ponderado pela possibilidade de queda da barragem, eles não a recuperam, ou seja, assumem o risco... Se alguém morrer, é só pagar as indenizações.

Se a metodologia acima lhe lembrou alguma coisa é porque você assistiu ao filme *Clube da Luta* (*Fight Club*), em que vemos a forma como operam as empresas automobilísticas no momento de decidir sobre fazer ou não um recall. Para quem quiser ir direto ao ponto, busque o momento em que o protagonista conversa com uma senhora no avião. A fala dela é uma pergunta espantada: "Para qual empresa você trabalha?". Ele responde: "Para uma das maiores".

É exatamente este o ponto em que podemos diferenciar as maiores empresas das empresas estatais.

Voltemos ao caso do desastre da Vale. Após a prisão do engenheiro que assinou o laudo atestando a integridade da barragem, o mesmo fez uma “delação premiada”, na qual assumiu que foi forçado a emitir laudo de conformidade, mesmo sabendo que a barragem estava avariada, sob pena de perder emprego. Neste ponto já é possível você concluir por que não tivemos eventos semelhantes em empresas estatais, não é? Exatamente! O engenheiro da estatal é concursado e não vai assinar laudo falso para colocar em risco a sociedade, já que a estatal *é* da sociedade.

Lucro contínuo alto e prejuízo zero ao privatizador

A privatização de setor estratégico não representa simplesmente a doação dos lucros. Mesmo assim vale lembrar que quem comprou terá lucros continuados, até porque, quando o sistema entrar em colapso, quando começar a dar prejuízos, se o governo não arcar com eles a energia será desligada, sem mais!

Privatizar um setor estratégico é tão somente privatizar os lucros. Veja-se o que disseram as empresas de telecomunicações e as empresas de transmissão de energia quando deram prejuízos: "Ou o governo arca com isso ou a gente desliga".

E o que aconteceu? Aconteceu que o governo Temer deu mais de 100 bilhões de reais do povo brasileiro para as empresas de telecomunicações, assim como para as empresas de transmissão de energia.

Privatizar a Eletrobras é simplesmente entregar para o setor privado o bônus, porque sempre recairá sobre as costas do povo o ônus. Uma empresa estratégica, quando é pública, pode, da mesma forma, dar lucro ou prejuízo. A diferença é que, quando dá lucro, todos são beneficiados, algo que em uma empresa privada não acontece. O prejuízo é socializado sempre, em um ou outro caso.

Pior, quando a empresa é privada, todo ou quase todo o lucro tende a ser enviado para fora do Brasil. Na hora que essa empresa quebra e não tem caixa, é o dinheiro público do brasileiro que vai ter de restaurá-la.

Essa lógica vale para todas as empresas. E não é apenas a Eletrobras que está sendo privatizada: os Correios e a Caixa Econômica Federal também. A Petrobras está sendo privatizada aos pedaços... Mas neste momento a bola da vez, a empresa que está prestes a ser engolida pelo setor privado é a Eletrobras. Por isso aqui falamos dela.

O Apagão como estratégia

Vivemos hoje um novo golpe representado pela ameaça de um apagão. E pela chantagem baseada em um novo racionamento de energia. Se isso ocorrer, não será por falta de chuvas, mas por falta de coordenação na produção e distribuição do sistema elétrico nacional. Mesmo assim, talvez o maior perigo em entregar o Sistema Elétrico Brasileiro às empresas privadas seja a possibilidade de o brasileiro perder indústrias, perder emprego, perder dignidade.

Para a produção de eletricidade temos no brasil várias fontes energéticas que são transformadas em energia elétrica, passível de ser transmitida por redes até os pontos consumidores. A fonte principal no Brasil é a representada pelos grandes reservatórios de água, que acionam os geradores com a energia cinética resultante do desnível entre o reservatório e as turbinas. Trata-se de um sistema que, apesar de produzir inquestionável impacto ambiental, é o MAIS sustentável dentre os existentes. Para aqueles que se perguntaram neste momento acerca da energia eólica e da energia solar fotovoltaica, gostaria de lembrar novamente que "não podemos estocar o vento", assim como não controlamos o sol. Mas vamos nos aprofundar nestes detalhes mais adiante, quando abordamos a estabilidade sistêmica.

O Brasil produz eletricidade também a partir da energia nuclear, por meio das usinas de Angra. Talvez um dia fique ruim para pescar, como cantou Chico Buarque, mas há razões para a energia nuclear ser uma das principais fontes de energia elétrica no chamado Primeiro Mundo.

Produzimos, ainda, energia a partir da queima de combustíveis, que podem ter ciclo sustentáveis como a biomassa, mas na maioria das vezes, quando entramos em crise energética como a atual, as geradoras que são contratadas são as termelétricas movidas a gás, carvão, óleo combustível e até óleo diesel.

Todas estas geradoras entram no sistema que hoje é quase todo interligado e no qual não há armazenamento de eletricidade. A geração precisa ser exatamente igual ao consumo; qualquer erro na operação pode levar o sistema ao colapso. A ordem de escolha das geradoras é o menor custo, o que significa que se tivéssemos sempre abundância de água nos reservatórios, as termelétricas ficariam literalmente "chupando dedo". Porém, como são importantes para a estabilidade sistêmica, o Brasil garante um valor mínimo de contratação para que estas geradoras existam e atuem nos momentos de emergência, como o que estamos vivendo hoje.

Quem faz a contratação e controle é o ONS - Operador Nacional do Sistema, que age de forma a manter o sistema sempre ativo e pelo menor custo, mantendo os reservatórios de água em níveis adequados. Dentre várias técnicas de coordenação, a utilização do dispositivo conhecido por "horário de verão" é fundamental, pois, ao aproveitar mais o período do dia no comércio, na indústria e até nas residências, diminui o consumo de eletricidade e poupa água para períodos mais críticos. Outra técnica de coordenação utilizada para evitar a crise hídrica que vivemos é o uso concomitante de geração hídrica com geração termelétrica de menor custo, além da contratação simultânea de várias hidrelétricas instaladas no mesmo curso d'água. Todas essas técnicas devem ser empregadas em conjunto, para que nunca chegue um momento em que não haja água alguma nos reservatórios.

Para controlar tudo isso, são utilizados sistemas que rodam em computadores extremamente poderosos, os quais respondem por estoques de água, perdas por evaporação, estimativa de chuvas a partir de histórico dos anos anteriores e, inclusive, determinam quando a água liberada pela usina do alto (a montante) vai estar disponível para que possa ser acionada a usina abaixo (a jusante).

Este sistema proporciona muita eficiência. Na produção hídrica, por exemplo, quando o controlador contrata uma usina que está em região mais alta, já avisa a próxima usina para produzir também, para aproveitar a água que estará chegando. Com isso todas as usinas daquele curso d'água vão aproveitando a força hídrica, seja para gerar, seja para acumular energia para o futuro.

Uma coordenação inteligente aproveita da forma mais eficiente a água para gerar eletricidade, utiliza-se de geração termelétrica de menor custo para não levar os reservatórios de água a níveis críticos e eventualmente contrata mais geração termelétrica nos momentos de pico de consumo. A fim de garantir a disponibilidade, mantém apenas a geração mínima contratual dos geradores de óleo combustível e carvão, a menos que haja real falta de chuvas, o que obriga à elevação da geração termelétrica, sob pena de risco sistêmico.

Um Apagão fabricado

O governo Bolsonaro trabalhou desde o início para chegar a este momento de crise de disponibilidade hídrica. Essa é a condição para multiplicar o preço da energia elétrica. Ou seja, não houve problema de falta de chuvas, foi algo friamente calculado para gerar a crise que, entre outras coisas, enseja a privatização do Sistema Elétrico Brasileiro – algo que há décadas é um desejo de conglomerados de investidores.

A privatização do Sistema Elétrico Brasileiro chega para votação pelo Senado justamente no momento em que a crise fabricada toma a agenda dos noticiários, que falam inclusive na possibilidade de racionamento e apagão. Por causa da inflação camuflada e da necessidade da contratação de geração termelétrica, a eletricidade alcançará preços jamais vistos pelo povo brasileiro, que certamente receberá da mídia hegemônica a certeza de que a solução para o caos é a privatização.

A primeira e mais evidente providência que o governo Bolsonaro tomou para gerar as condições de chegar ao caos energético foi o cancelamento do horário de verão. O Sistema Elétrico Brasileiro foi desenvolvido levando em conta o horário de verão, que faz muita diferença para nossos transformadores, para nossas linhas de transmissão, para nossas geradoras e até mesmo para nossos estoques de água.

Todo o sistema é pensado levando-se em conta que nesses períodos as pessoas vão começar a trabalhar uma hora antes, mas não vão ter que ligar a luz uma hora antes. O momento de pico, o momento em que vai haver maior consumo de energia, muda completamente no horário de verão, que é conhecido em todo o mundo como o horário de "salvar" energia. Os cidadãos acordam, sim, uma hora mais cedo, mas já há sol; da mesma forma o trabalhador toma banho uma hora mais cedo, e a água demandará menos potência do chuveiro elétrico.

O governo anunciou o cancelamento do horário de verão como se fosse uma oportunidade para não ter de acordar cedo durante o período, mas ao modificá-lo o governo Bolsonaro criou uma condição perversa para o sistema elétrico, que afinal foi desenvolvido contando com o horário de verão.

A primeira consequência é superaquecimento de transformadores. Eis a razão de tantos colapsos elétricos. Nunca tivemos tantas interrupções de energia elétrica como agora, depois do início do governo Bolsonaro. Estamos convivendo constantemente com a falta de energia pela explosão de transformadores, simplesmente porque eles não foram calculados para trabalhar na temperatura que alcançam na falta do horário de verão.

A segunda consequência é o superaquecimento das linhas de transmissão e das linhas de distribuição. Além deste aquecimento a mais dos equipamentos do sistema elétrico de potência, vemos um aumento no consumo total de energia, o que inevitavelmente ocasiona a diminuição do nível de água nos reservatórios. E não é exatamente o que aconteceu? Sim, um movimento friamente calculado...

O fim das campanhas de conscientização

Vínhamos tendo no Brasil, há décadas, campanhas visando a conscientização sobre a importância de se poupar energia. Hoje, além de termos um consumo maior, estamos sob um governo que trabalha efetivamente para aumentar o consumo de energia, enquanto convence os brasileiros de que trabalha por eles, pelo conforto biológico das pessoas, que não terão de se adaptar a essa pequena alteração do horário de verão, como de resto o fazem as demais pessoas da maior parte do mundo.

Nos chamados países desenvolvidos existe o horário de verão e todos acordam mais cedo, mesmo sendo mais ricos que os brasileiros. Se não isso fosse fundamental, será que tantos países desenvolvidos, como os europeus, adotariam o horário de verão?

Tudo que dizemos aqui o governo Bolsonaro sabe. O governo brasileiro sempre teve um corpo técnico de engenheiros altamente qualificados, que fazem relatórios periódicos. Informações como as relativas à produção das usinas e o estoque de água delas são atualizadas continuamente. De qualquer forma, vivemos um avanço tecnológico que torna muito fácil a circulação de todos os dados. Só podemos atribuir a falta de dados confiáveis a uma eventual má decisão. Acredite, o governo age de caso pensado, propôs-se a destruir mais que construir e declarou isso explicitamente.

Por que falta água se não faltou chuva?

O sistema hidrelétrico é calculado e projetado por bacias hidrográficas. O administrador do sistema pensa mais ou menos assim: a usina tal liberará a produção de energia, então descerá água. Dentro de uma hora e meia a água começará a chegar à usina tal, hora de ligar sua geração para aproveitar a água que está chegando... E assim por diante. Assim, o administrador do sistema consegue contratar, por exemplo, 20 usinas que estão ligadas à mesma bacia hidrográfica, até a água chegar ao ponto de acumulação, onde é possível acumulá-la sem ter a necessidade de vertê-la. Verter a água significa simplesmente deixá-la passar sem gerar energia.

A catástrofe que vivemos pode ter origem inclusive no verter premeditado da água, sem a consequente geração de energia. É lícito concluir isso quando vemos que os reservatórios não estão vazios por falta de chuvas. Tem chovido como nos últimos 20 anos. Os reservatórios estão vazios porque o governo, ou por inaptidão ou por dolo mesmo, não reteve a água nos reservatórios. Isso nos levou à possibilidade de racionamento ou apagão.

O impacto da privatização na geração de emprego

Estamos vivendo nosso pior momento. As indústrias eletrointensivas foram para a China; grande parte da produção de alumínio, por exemplo, o Brasil perdeu para a China. O parque industrial brasileiro está parando. Aliás, como é possível admitir que, justamente quando o Brasil está consumindo pouca energia porque as indústrias estão paradas, a gente tem pouco estoque de água nos reservatórios?

Fica suficientemente evidente que de alguma maneira essa água foi desperdiçada, mais provavelmente de forma proposital, com o intuito de facilitar o caminho para a privatização, por meio do argumento de que nós temos um sistema ineficiente. Foi tudo friamente calculado.

Começou com a extinção do horário de verão, continuou com uma coordenação hídrica que visava exatamente a escassez. Ela é necessária para que eles cheguem ao lucro desejado.

A geração de caos por meio da coordenação hídrica se dá no setor de inteligência da área de geração de energia, que é o Operador Nacional do Sistema, hoje subordinado, naturalmente, ao governo Bolsonaro. A maneira mais prática de criar esse caos é por meio do desperdício deliberado de água por parte de geradoras já privatizadas, ou porque diretamente estão envolvidas com a mencionada estratégia de privatização ou porque compactuam com ela. O que podemos inferir baseados na lógica mais elementar é que clara e evidentemente estamos vivendo um momento em que foram criadas de forma deliberada as condições para nos levar ao "Apagão 2021". Não por mera coincidência, isso acontece quando a proposta de privatização do Sistema Elétrico Brasileiro é enviada ao Senado, sob relatoria de um senador governista.

A ideia que subjaz a tudo isso é a de forçar o entendimento de que o sistema é ineficiente, para derrubar o valor do Sistema Elétrico Brasileiro. Criar condições ideais para a iniciativa privada abocanhar a empresa por baixo preço e ser mais generosa no financiamento de algumas campanhas, para dizer o mínimo. Aliás, um dos interessados já atua politicamente no Brasil, investindo na formação de novos candidatos; trata-se de um dos homens mais ricos do Brasil, um famoso vendedor de cervejas.

Existem investigações da Polícia Federal que apontam para compras superfaturadas de geradoras termelétricas durante crise semelhante criada há alguns anos atrás. Enormes lucros foram gerados para alguns poucos por meio do último apagão, que se deu durante o governo FHC. Não haveria a menor razão para revivermos agora um novo racionamento. Não tivemos considerável falta de chuvas nem o sonhado aquecimento da economia, o que levaria a um aumento de consumo. Acresce que o governo Dilma fez fortes investimentos na rede de transmissão de energia, o que permite que, quando haja seca na região Norte, possa-se gerar energia na região Sul e transmiti-la energia para o Norte, e vice-versa.

Além do mais, estamos vivendo um momento de baixa demanda, porque além de o povo estar mais pobre, consumindo menos e economizando inclusive energia elétrica, várias indústrias brasileiras vêm fechando as portas desde o início da crise, notadamente aquelas do movimento hoje conhecido como *Fechado com Bolsonaro*.

Para a surpresa de ninguém, logo após nos informar sobre a possibilidade de racionamento, o governo anunciou que vai contratar geração emergencial para resolver o problema.

Como dissemos, sem um deliberado desperdício de água, não haveria a menor razão para estarmos revivendo agora um novo racionamento:

- Não há registros de tão significativa mudança no volume de chuvas;
- O governo Dilma interligou as regiões Norte e Sul;
- O povo está consumindo menos;
- As indústrias, cada vez em menor número, estão com a produção contida.

O triste apagão, que gerou desemprego e transtornos de toda ordem em 2001, se deveu em grande parte às privatizações feitas no fim dos anos 1990. Foi, em princípio, uma consequência. O de hoje é diferente, resulta de um plano, um tipo de plano que só funcionaria em governos que substituem a ciência por ideologia. Não é à toa que os mesmos que comemoraram o fim do horário de verão e ridicularizaram a importância do mesmo para a economia de energia são os que hoje insistem no "tratamento precoce" para a COVID-19. A negação à ciência é terreno fértil para o controle das massas contra o seu próprio interesse.

E qual foi o pronunciamento desse governo logo após a notícia de escassez hídrica com possiblidade de racionamento? Ora, que ele vai contratar geração termelétrica emergencial para resolver o problema do racionamento! Veja, o atual governo criou as condições para que entrássemos em tal emergência sistêmica, exatamente porque ela é que propicia as condições necessárias para o governo contratar energia, custe ela o que custar.

Lembremos aqui da história segundo a qual a família do Bolsonaro estaria envolvida no esquema de Itaipu. Como nada ficou provado, não podemos acusá-la levianamente, mas os indícios foram contundentes e nunca vimos alguma publicação dizendo que houve qualquer investigação profunda e conclusiva a esse respeito.

A questão da família Bolsonaro em Itaipu é lembrada aqui tão-somente para lembrar a possível interferência destes políticos nos negócios que envolvem o comércio de energia elétrica. Eventualmente, por questão de sobrevivência no poder, uma vez que a não contratação de termelétricas foi um dos motivos de a Presidenta Dilma ter sido derrubada. Em tal tipo de contratação, que é sempre feita na bacia das almas, quando o sistema está ameaçado de cair, o preço será sempre aquele que o gerador estipular.

Apenas para se ter uma ideia, Joesley Batista, dono de uma termelétrica, capaz de gerar 480 megawatts/hora, em Cuiabá, ao reclamar que a Petrobras não lhe fornecia gás suficiente, declarou textualmente: "Deixo de ter de R$ 1 milhão a R$ 3 milhões de lucro por dia quando a usina está desativada". Inclusive, em delação gravada e exibida com exclusividade em todos os telejornais da Rede Globo, Joesley confessa ter acordado com Rodrigo Rocha Loures, conhecido operador de Temer, presidente à época, 5% sobre o lucro que obtivesse com sua termelétrica. Isso dá uma ideia de como funcionam essas coisas.

De qualquer forma, o operador vai pagar o que lhe for imposto porque, em caso contrário, o sistema cai, podendo deixar vastas regiões às escuras. E, uma vez que caia o sistema, religá-lo não é tão simples como reacender uma lâmpada na sala de casa; ao contrário, é uma operação complexa e bastante morosa, dificilmente é possível reestabelecer uma queda de grandes proporções em menos de oito horas. O mais provável é que ela consuma dias a fio, gerando enormes prejuízos e grande desgaste à imagem do governante de ocasião.

Nenhum governo quer ver seu país em meio a situação como essa, exceto se for errático, contraditório, contrário à lógica e à ciência, de modo a obter dividendos de situações caóticas geradas por pandemias e apagões.

Temos um governo assim e não podemos desconsiderar a possibilidade que acabe lançando mão de grandes apagões propositais, para impressionar a opinião pública e, assim, facilitar a contratação de geração de energia das usinas cujos usineiros estão ávidos pelo lucro milionário diário, como declarou Joesley Batista.

Precificação na geração de energia

Embora o preço pago pelo consumidor seja relativamente estável, o preço na produção da energia é muito instável. Tudo dependerá da escassez ou abundância do "produto". Houve períodos, antes da interligação dos sistemas Norte e Sul, que a energia esteve 400 vezes mais cara na região sem chuvas, quando comparada à região em que chovia. Eis a razão de o governo Dilma investir tanto nas linhas de transmissão. Foi precisamente para ter condições de transferir parte dessa energia que estava sendo gerada em uma região para outra. Algo lógico e necessário, mas que ocasionou expressiva perda de lucros para algumas usinas, que naturalmente instituíram *lobbies* – daí a razão de a imprensa ter criticado tanto o governo.

A energia é sempre gerada por mais de uma fonte, até por questão de segurança. Assim, mesmo que haja abundância de água, por segurança o sistema vai continuar gerando uma pequena parte com gás natural. Contudo, usinas com fontes energéticas mais caras, como o carvão e o óleo Diesel, só entram em funcionamento em momentos realmente emergenciais. Por isso estas geradoras só faturam quando realmente há falta d'água. Como a emergência pode ser decorrência de quedas pluviométricas naturais ou de má gestão do sistema (intencional ou não), é imperioso que se faça um levantamento sério, que explique a falta de água na abundância de chuvas.

Ter acabado com o horário de verão, como vimos, pode mesmo ter como objetivo final a queda nas reservas de água das represas, porque só ela faz funcionar as usinas e abastece as contas de muitos geradores-especuladores. Existem vários deles espalhados pelo Brasil, como o ex-ministro e ex-senador Romero Jucá, que teve atuação intensa na derrubada de Dilma em 2016 e ganhou de Temer o Ministério do Planejamento.

Quanto às empresas donas de termelétricas, o Ministério Público Federal poderia fazer uma devassa frutífera. Muitas delas estão na mão de políticos.

O momento que vivemos hoje parece uma exacerbação de algo que já aconteceu no país: o mito do apagão.

Fernando Henrique criou o mito do apagão, criou o pânico de ficarmos sem luz. Com isso conseguiu atingir pelo menos três objetivos:

- Cobrar mais pela conta de luz, sem gerar desconforto ao governo;
- Investir dinheiro público na construção de uma rede de termelétricas;
- Agradar a uma base política, que fez a festa.

É fato que há analistas políticos que sustentam que esse mito tenha custado o poder, a não eleição do sucessor de Fernando Henrique. Mas é fato também que especialistas apontam que não iria faltar água.

A Polícia Federal abriu inquérito sobre a compra de termelétricas durante o governo FHC. Fernando Henrique criou o mito do apagão a fim de que as pessoas acreditassem estar faltando energia, para então poder sair comprando usinas alucinadamente. E ao comprar usinas em momento de calamidade, sob o pretexto do apagão, conseguiu adquiri-las por três vezes o preço de mercado. Talvez tais compras expliquem, por exemplo, o fato de Fernando Henrique ter um apartamento na área mais nobre de Paris. Mas isto são apenas conjecturas.

E o inquérito da Polícia Federal quanto a essas compras? Ah, os envolvidos eram tucanos, aí não deu em nada mesmo.

Acabar com o horário de verão oportuniza a Bolsonaro contratar a energia elétrica daqueles amigos do Fernando Henrique, dos eternos amigos de presidentes.

A estratégia de Bolsonaro parece a mesma de FHC, mas sabemos que os escrúpulos dele são muito menores. Além do alarde feito, foi impetuoso e acabou com o horário de verão, deixando digitais, sujando as mãos. É preciso que Bolsonaro revele a real razão de ter tomado esta atitude, uma razão convincente, naturalmente, porque estroinices e xingamentos talvez até intimidem a alguém, mas não convencem.

O cidadão liberal, cidadão *de bem*

Historicamente, quem ganha com isso são os amigos do presidente. Enquanto isso o cidadão *de bem*, cidadão liberal, está lutando desesperadamente uma luta que julga digna, contra a corrupção, sem saber ele que está trabalhando exatamente para que as falcatruas sejam viabilizadas, facilitadas, multiplicadas.

Esse cidadão em geral não sabe, nem jamais soube, que existe possibilidade de corrupção através da compra de energia de geradoras de amigos, tão somente esvaziando os reservatórios.

Não é a primeira vez que está acontecendo

Não, não é a primeira vez que estamos sofrendo boicote. Durante os governos militares, ocorreram várias investidas dos Estados Unidos visando assumirem o controle do Sistema Elétrico Brasileiro. Agora o governo está conseguindo privatizá-lo, o que significa entregar em grande parte a soberania do país aos bandidos. Os Estados Unidos há muito tempo nos fazem propostas nesta área, inclusive para gerir a geração de energia hidrelétrica e nuclear dentro do Brasil.

Apesar dos horrores do governo militar, da dor indizível da tortura, do extermínio de brasileiros, entre muitas outras excrecências da ditadura que sofremos, apesar de ter sido um governo que teve sua assunção financiada por dinheiro dos EUA, é forçoso reconhecer que ele lutou pela soberania do país no tocante ao Sistema Elétrico Brasileiro. O atual governo não é digno da mesma ressalva. Ao contrário.

Depois do governo militar tivemos vários boicotes contra a autonomia de produção de energia hidrelétrica no Brasil. Aliás, este foi o tema de pesquisa do trabalho de conclusão de curso da minha especialização em Jornalismo Político, que se centra exatamente no papel da mídia e dos EUA no boicote ao crescimento do Sistema Elétrico Brasileiro.

A Bela Belo Monte

A construção da usina de Belo Monte era um projeto que poderia gerar mais energia que a usina de Itaipu. Lembrando que Itaipu é Binacional, ou seja, só metade da energia gerada por ela é brasileira; a outra metade é vendida para nós pelo Paraguai. Bem, o projeto de Belo Monte nasceu para ser assim, gigantesco, mas foi combatido pela grande mídia, que fez matérias sobre o extermínio de índios no Brasil, sobre consequências ambientais, tudo em tom dramático. É preciso destacar que a energia hidrelétrica é a mais limpa do ponto de vista ambiental. Isso não quer dizer que não haja impactos no ecossistema, efetivamente há, mas é o menor dano por megawatt possível. E sem energia elétrica ninguém quer ficar, não é verdade?

Na época foi produzido um vídeo contra Belo Monte, com vários artistas muito populares e, diga-se, aparentemente realizado com muita boa vontade por parte deles. Não têm culpa, não são especialistas e, literalmente, não têm noção do que falam, mas o fato é que havia alguém interessado naquilo, alguém que não assinava a peça publicitária, dando a ideia de ela ser algo voluntário, espontâneo. O vulto de quem estava realmente por trás dessa sabotagem apareceu quando o material foi utilizado na campanha de Aécio Neves.

Contudo, alguns artistas processaram Aécio Neves, por não concordarem com a utilização do material em sua campanha presidencial. Se o fizeram pra valer ou apenas para limpar a barra nunca saberemos. Mas não podemos esquecer que a promessa de Aécio também era acabar com a corrupção, e a metodologia que ele propôs para isso foi retirar o PT do poder.

É evidente que não estamos defendendo aqui a destruição da Floresta Amazônica ou deslegitimando os povos que viviam na área que seria inundada. Estamos falando de escolhas. Temos de escolher primeiramente se queremos ou não gerar energia. Sendo afirmativa a resposta, cumpre decidirmos onde construir usinas de modo que se obtenha energia a baixo custo econômico e ambiental. Simplesmente fazer campanha sobre as perdas ambientais sem contextualizar o problema e sem dar alternativas pode parecer muito edificante, mas não passa de um desserviço à nação.

Acontece que eles não querem dar alternativas, porque, para quem está pagando esse tipo de iniciativa, a alternativa já está dada: é a produção de energia com gás, carvão e Diesel, absolutamente mais cara e mais perniciosa ao meio ambiente. Esse assunto, porém, é tabu, dele nada se fala.

Agora, quando vamos contratar energia de termelétricas, veremos algum artista protestar contra a construção delas? As termelétricas emitem toneladas de carbono na atmosfera, porque usam combustíveis fósseis, que foram produzidos em outras eras (só para tratar do desequilíbrio gerado ao se consumir algo gerado em eras passadas seria preciso escrever outro livro). Além do carbono, elas emitem vários outros gases que geram o efeito estufa. Além do mais o combustível das termelétricas é caríssimo, o que aumenta o preço da energia elétrica, mesmo que o dono da geradora não exagere no preço, não se valha da crise criada.

O vídeo "oficialmente" foi elaborado pelo movimento Gota d'Água, que poderia ser chamado de movimento massa de manobra. Era potente, foi longe, teve o condão de acabar com a viabilidade de construção de usinas hidrelétricas no Brasil. Por causa do Gota d'Água, o risco de construir uma hidrelétrica no Brasil ficou tão grande que nós perdemos indústrias para lugares em que não se deixa criar livremente um movimento a serviço do *lobby*, como o Gota d'Água. Países como a China, por exemplo.

Foi aos poucos que o Brasil começou a perder siderúrgicas e fábricas de alumínio para China, porque lá a energia é muito mais barata e projetos como o de Belo Monte e outros seriam realizados sem empecilho.

Importante destacar que temos no Brasil uma empesa responsável por levantar o inventário de viabilidade para a construção de usinas geradoras. A EPE – Empresa de Pesquisa Energética – oferece aos investidores a oportunidade de explorarem áreas com potencial de geração a partir de toda modalidade de fonte. Porém, precisamos levar em conta que temos a herança maldita do movimento massa de manobra, cuja campanha não resultou na redução do consumo de energia elétrica, mas no desincentivo à construção de hidrelétricas.

Os investidores ficam temerosos quando veem uma empresa de pesquisa energética demonstrar que há vários locais com viabilidade de produção de energia elétrica a partir de quedas d'água, não têm coragem de investir nesta produção porque o movimento Gota d'Água pode fazer o que fez com Belo Monte.

Belo Monte foi projetada para acumular água e, com isso, reservar energia para momentos de escassez hídrica. Mas se transformou quase que numa usina a fio d'água, do tipo que não acumula água. Hoje o argumento para contratar as usinas termelétricas é justamente o de que falta água nos reservatórios. E o que resulta disso é muito, muito mais deletério que o alagamento de parte da floresta.

Contra a construção de uma termelétrica não há ninguém bancando movimentos como o Gota d'Água, não há protestos contra termelétricas. E quando há (tivemos um protesto do Greenpeace) ninguém viu, porque a mídia hegemônica o esconde.

Por meio do vídeo dos artistas, entre outras iniciativas, tivemos a efetivação da sabotagem de Belo Monte. Eles venceram, acabaram inviabilizando o projeto do governo, que era o de construir várias usinas hidrelétricas para fazer com que a energia no Brasil se tornasse tão barata que atrairia muitas empresas para cá, ao tempo em que tornaria bem mais obsoleto o parque termelétrico.

Quem efetiva e diretamente ganhou com esse processo de redução de projeto de Belo Monte foram os donos das termelétricas, que invariavelmente contratam agências para fazerem vídeos esses e assim sabotam a construção das hidrelétricas, seus naturais concorrentes.

A energia da hidrelétrica chega a custar até 400 vezes menos que a gerada pelas termelétricas, o que se deve ao apetite dos donos das termelétricas, que o mais das vezes vendem energia já na bacia das almas, ou seja, quando está faltando. A água é gratuita, ninguém paga por ela, paga-se pela manutenção dos equipamentos geradores. Na produção de energia termelétrica também se paga pela manutenção, mas os custos atingem picos porque se paga pelo carvão, pelo óleo combustível etc.

Portanto, o que assistimos hoje no Brasil é o movimento pelo enriquecimento de grupos econômicos que trabalham com a produção de energia com combustíveis fósseis.

O sistema energético e a derrubada da Dilma

Nós já falamos sobre quanto o investimento que o governo Dilma fez nas redes de transmissão desagradou os geradores termelétricos, que assim passaram a lucrar apenas com uma seca de nível nacional, deixando de lucrar, como até então, com cada seca regional.

Quando o governo Dilma decidiu construir várias hidrelétricas, o desagrado se transformou em desespero, porque mexeu com os interesses de grandes banqueiros, barões do mercado de energia. Mexeu ainda com poderosos políticos, uma vez que alguns deles são donos de geradoras termelétricas e que pararam de ganhar muito dinheiro às custas da produção de energia a partir de combustíveis fósseis.

O descontentamento de tanto poder político e financeiro contribuiu decisivamente para que eles fizessem o "grande acordo nacional", que consistia na derrubada da então presidente Dilma. Houve um engajamento de toda a mídia pautando o tema corrupção e possibilitando o *lawfare* através da operação Lava Jato, quando surgiram os juízes, os heróis globais Moro e Bretas, que protagonizariam o maior processo de desindustrialização já vivido por um país não envolvido em guerra declarada.

No bojo desse processo o sistema elétrico sofreu outro boicote, contra a ampliação da geração de energia a partir da fissão nuclear, o único sistema que rivaliza em custos com o hidrelétrico. O Almirante Othon Luiz Pinheiro da Silva foi preso a claro mando dos Estados Unidos da América no escopo da chamada Operação Lava jato.

Em outros momentos, o uso indiscriminado de denúncias por jornais produziu grandes enganos e manipulações. É possível que Othon seja culpado, é possível que não seja, pouco importa. O que importa, como se lê na página do Ipen[1], pai do programa nuclear brasileiro, é que

1 <https://www.ipen.br/portal_por/portal/interna.php?secao_id=39&campo=4415>

o Brasil deve a Othon o maior feito de inovação da sua história moderna: o processo de enriquecimento de urânio através de ultra centrífugas.

Foi um trabalho portentoso, que sobreviveu às crises do governo Sarney, ao desmonte da era Collor, aos problemas históricos de escassez de recursos, enfrentando boicotes externos, valendo-se de gambiarras eletrônicas para contornar a falta de acesso a componentes básicos, cuja exportação era vetada por países que já dominavam a tecnologia.

Othon era ainda parte do projeto do nosso primeiro submarino nuclear.

O risco sistêmico

Quando o dono de uma termelétrica consegue influenciar o governo a jogar água fora, naturalmente obriga-o a comprar sua própria energia. A título de ilustração, imaginemos que o Jucá ligue para o Bolsonaro pedindo para o operador nacional do sistema jogar ao mar a água de um reservatório, vertendo-a sem gerar energia, para assim o forçar a contratar a energia termelétrica da geradora do próprio Jucá.

Com as empresas privatizadas aumentam muito as chances de termos sob o comando do mesmo dono uma hidrelétrica, que vende energia por um real, e uma termelétrica, que vende energia por até 400 reais. Quem privatizar as usinas geradoras do Sistema Elétrico Brasileiro poderá se valer de todo o sistema de transmissão já instalado, e ainda construir, por exemplo, uma geradora a diesel, cuja energia é a mais cara que existe. Assim, mesmo recebendo de graça a água, trazida pela natureza, compensa a este dono ir jogando-a pelo vertedouro, sem passar pelas turbinas, porque obterá muito mais lucro com a termelétrica.

Risco sistêmico

Ao entregarmos as hidrelétricas para empresas privadas, elas podem orquestrar o gerenciamento da água, ou seja, jogar água fora sem produzir energia, tão somente para criarem condições para que as termelétricas sejam contratadas. Como toda a geração vai estar na mão de empresas privadas, e como é mais negócio para elas simplesmente descartar parte da água que potencialmente poderia gerar energia, o fechamento de acordos, aliado à criação de *lobbies*, vai causar não só o aumento constante da energia (como temos visto ocorrer com a gasolina, a partir de privatização aos pedaços da Petrobras), mas também situações de carência programada, que podem impedir o funcionamento de indústrias, as quais lhes interesse ver fora do mercado, ou mesmo evitar maior povoamento de cidades que porventura não tenham interesse em ver povoadas, eventualmente por razões ideológicas.

Como a água é gratuita, não é possível cobrar por ela, nem cobrar lucro sobre o custo. As únicas empresas que vão produzir o máximo de energia possível a partir da água serão aquelas que não tiverem nenhuma ligação, direta ou indireta, com alguma empresa que gere energia por meio de termelétricas. Ou então empresas que sejam do povo. As que não atenderem a essas premissas vão orquestrar ações para desperdiçar o estoque de água, assim como as orquestraram para evitar a construção do reservatório de Belo Monte e das demais usinas que seriam construídas para o complexo Belo Monte.

No capitalismo, quem determina o preço é o vendedor e só o vendedor. Contudo, a demanda determina por qual preço ele pode realmente vender seu produto. Pedir um milhão de reais por seu Chevette usado qualquer um pode pedir, mas para encontrar o comprador o preço terá de ser compatibilizado com a realidade.

Como sabemos, a lei natural de precificação é a lei da oferta e da procura. O preço estará sempre próximo do equilíbrio entre o valor mínimo de quem quer vender e o valor máximo de quem quer comprar. Se, por exemplo, há escassez de alguma fruta, o seu preço sobe; com isso parte dos compradores a trocam por outra fruta da estação, baixando a procura por aquela, e tudo vai se rearranjando naturalmente, espontaneamente. Nenhuma novidade nisso. Mas há uma novidade amarga quando o produto não pode nem ser evitado, nem trocado. É este o caso da energia elétrica.

Logicamente não é o governo quem decide o preço que vai pagar pela energia. Ele a compra por meio de leilão, depende, portanto, dos vendedores, dos geradores. No momento em que nós tivermos um oligopólio na geração de energia e toda ela estiver nas mãos de empresários, eles imporão o preço, estaremos em suas mãos, porque não poderemos dizer-lhes não. Como viver sem energia elétrica? O pior é que isso pode não ser o pior.

O pior não será o quanto vão cobrar, mas acima de tudo, se vão vender. Pelas mais imagináveis e inimagináveis razões pode haver interesse em que determinada demanda não seja atendida e, com tudo privatizado, estaremos absolutamente manietados pelo encarecimento geral dos produtos, cujos custos sempre têm na energia elétrica um componente, forçando a diminuição do consumo interno ao mesmo tempo que diminuindo nossa competitividade internacional.

Para que entendamos esses fatores negociais e políticos, temos de ter em mente fatores técnicos, como:

- A energia elétrica não pode ser estocada, ela precisa ser produzida no exato momento em que está sendo consumida;
- Quando a produção não é suficiente cai todo o sistema, que só poderá ser religado aos poucos, sempre reequilibrando-se os locais religados com a equivalente produção em tempo real.

O inevitável aumento na conta de luz é algo degradante, vai prejudicar diretamente a maior parte da população, que já está hoje em insegurança alimentar. Tal aumento não pode, portanto, ser desprezado. E que ele ocorrerá é tão certo quanto o foi o aumento do preço da gasolina e do gás de cozinha, infelizmente. Entretanto, em última análise, a gasolina e o gás podem ser importados, o que impede as refinarias de proverem desabastecimento. Com a energia elétrica é completamente diferente. Além de não termos como estocá-la, não é possível importá-la

– dependemos inteiramente de a integridade do sistema elétrico estar saudável e operante. Um sistema privatizado pode fazer o que quiser conosco; estaremos como que na mira de uma arma poderosíssima e impiedosa, pode anotar aí.

O sistema funciona de forma integrada, daí a centralidade, a importância da coordenação do sistema. Podemos ter uma coordenação saudável e eficiente ou ruim e ineficiente, mas também podemos ter uma coordenação criminosa. Como já mencionamos, a aquisição de energia é feita por meio de leilão, e hoje o operador a vai comprando até chegar à carga que o sistema está consumindo; vai comprando-a naturalmente dos geradores com fonte hidrelétrica, do mais barato para o mais caro. Quando as geradoras movidas a água já venderam toda a sua capacidade, o operador é obrigado a adquirir energias geradas por fontes mais caras.

Já tratamos disso, mas importa reiterar o tema, repisá-lo nesse novo contexto. Em um sistema privatizado um gerador à água pode vender a preço de termoelétrica, ou seja, a um preço muito mais alto.

Aí entra a primeira possibilidade de uma **coordenação criminosa**, porque um gerador que detenha grandes quantidades de água em seu reservatório, pode simplesmente fechar o reservatório e guardá-la para um momento em que a eletricidade esteja mais cara. Veja-se que em uma empresa pública o administrador não ganha nenhum centavo a mais fazendo isso, mas se a empresa for privada pode guardar a água no reservatório para esperar o momento em que possa dizer: "Só eu tenho estoque de água, o preço é tal".

A razão para que o setor público tenha construído tantos reservatórios era pia, era justa: guardar na abundância para usar na carência. Em mãos privadas essa capacidade acumulativa pode ser usada tão-somente para a especulação, no sentido oposto ao do interesse público.

Mas o efeito deletério pode ainda ser pior, se se voltar de forma ainda mais violenta contra o interesse público. Porque, quanto mais se segura água no reservatório, menos abastecida de água fica a cidade imediatamente abaixo da represa, que vai receber um fluxo mínimo, pouco propício ao tratamento. Isso porque o baixo nível de água diminui a capacidade, por parte de um rio, de depuração dos afluentes não tratados, os quais ainda são uma realidade em muitas cidades brasileiras. Tal fato aumenta consideravelmente o risco de transmissão de doenças nas localidades servidas por este rio. No mínimo as companhias de água vão gastar muito mais dinheiro para poder purificar a água, gerando prejuízos em cadeia.

Os demais danos são bastante evidentes, como os que advirão para as pessoas que dependem da pesca, porque a baixa quantidade faz baixar a qualidade da água, causando expulsão e/ou morticínio de peixes.

Outro setor afetado é a agricultura, especialmente a parte dela que depende de irrigação. Há também as indústrias, as legais e as ilegais, diga-se, que dependem de rios. Sem falarmos em mais um sem-fim de problemas que podem ser acumulados pela ganância do gerador de energia, que retém mais água do que convém ao benefício de todos.

Talvez a consequência mais dramática de acúmulo ganancioso do líquido precioso advenha do fato de que, de uma hora para outra, chova torrencialmente. Isso porque uma das funções das represas é exatamente a de controlar cheias, retendo parte da água que recebe durante o período de enxurradas. Restará a opção de abrir o vertedouro e inundar meio mundo abaixo, via de regra causando mortes, além de descomunal prejuízo econômico e social, ao desalojar famílias e demandar auxílio dos poderes públicos municipais, como a Defesa Civil.

É, portanto, a coordenação criminosa que mais devemos temer. Ela é perniciosa em vários sentidos; além dos prejuízos econômicos impostos a quem já nada tem, mata pessoas, seja por doenças, seja por afogamento em alagamentos repentinos ou pela escassez e carestia provocadas pela queda na produção de alimentos.

Trata-se de um cenário tão ameaçador que justifica todo o esforço que pudermos fazer, incluindo-se aí dialogarmos com pessoas e entidades espinhosas, como a Rede Globo, que todos politicamente engajados repudiam, e até o próprio governo entreguista. Afinal, como ensina Paulo Leminski:

En la lucha de clases
todas las armas son buenas
piedras
noches
poemas

No caso da Globo, é preciso tentar convencer a emissora a parar de defender reforma administrativa e privataria. Caso ela não se curve às evidências, deixará claro que faz parte do jogo, que pretende ficar com um naco desse butim.

É importante que conclamemos todos os formadores de opinião, primeiramente os municiando de conhecimentos específicos, para que, uma vez convencidos da realidade que nos ameaça, formem conosco o batalhão democrático que luta pelo interesse público. Especialmente pelo interesse de quem menos pode defendê-lo e que, ao mesmo tempo, é o mais prejudicado: aquele que pertence à base da pirâmide econômico-social.

Hoje ninguém com um mínimo de razoabilidade pode duvidar de que a Lava Jato foi instituída com o fito de sabotar a indústria nacional, por meio do uso de *lawfare*. Porque o Brasil vinha crescendo e começou a concorrer com líderes geopolíticos, como os próprios Estados Unidos.

Chegamos a esse ponto por meio de um arcabouço complexo, que envolveu imprensa corporativa e setores podres do judiciário em várias instâncias, além de políticos colaboracionistas, e isso tudo aos olhos de todos. Imagine agora o que ocorrerá se uma empresa que produz e distribui energia no Brasil, com a expectativa de lucrar um bilhão de reais por ano no Brasil, receber proposta de uma empresa estadunidense, por exemplo, disposta a pagar dois bilhões para que ela simplesmente desligue a sua produção de energia duas vezes por dia, exatamente na hora do pico. Poderemos contar com a consciência, com o patriotismo do empresário?

Não percamos de vista que tudo no sistema elétrico funciona de forma coordenada e em cascata. Justo no momento em que temos a esperança de restabelecimento da indústria nacional com o fim do regime neoliberal, vamos deixar a energia nas mãos de grupos privados, que podem simplesmente se vender e desligar a energia, que é fundamental para a manutenção de atividades comerciais e industriais?

Você é capaz de se imaginar em um país em que a energia cai todos os dias? Que isso, além do desconforto geral, faz indústrias simplesmente terem que mudar de país, por que o próprio não oferece a viabilidade necessária? Parece-lhe Teoria da Conspiração?

Talvez essa seria a minha impressão se não conhecesse aquele país que tem sido até hoje a projeção futura mais fiel do que vivemos no Brasil. Falo da Nigéria, que crescia economicamente em ritmo moderado, quando de repente encontrou o petróleo. Logo logo o tema corrupção foi usado para derrubar o presidente e, desde então, o país serve de fonte de petróleo para empresas anglo-saxônicas.

Apesar de ter matéria-prima e abundância de mão de obra, o povo nigeriano vive na miséria. Nenhuma indústria é capaz de se instalar lá, porque a eletricidade cai várias vezes ao dia. Não é concebível pensar que um dos maiores produtores de petróleo do mundo não tenha condições de colocar seu sistema elétrico em ordem. A única resposta para a crise energética da Nigéria é que, enquanto for possível mantê-la miserável, o povo nigeriano entregará seu petróleo aos estrangeiros sem resistir.

No Brasil já demos os primeiros passos no nosso processo de "Nigeriarização". Encontramos o pré-sal, e a partir de então passamos a falar de corrupção, derrubamos a presidenta, vendemos o pré-sal, tivemos a Lava Jato para aniquilar nossa economia... Falta-nos apenas um passo para garantir a impossibilidade de retomada do crescimento: entregar o botão de "liga e desliga" do nosso setor elétrico para o nosso concorrente geopolítico... Quer entender como isso deixa de ser conspiração? Imagine se durante sua guerrinha comercial, Trump tivesse um botão para desligar a eletricidade da China. Pois é! Tudo que estamos vivendo é um esforço internacional para que o Norte global não seja surpreendido com um novo gigante econômico, uma China tupiniquim.

Tudo isso está em jogo, mas ninguém fala nada além de que sofrerá aumentos a conta de luz, sendo que, apesar da extensão do desastre que isso significa para os mais pobres, é o argumento que menos toca os formadores de opinião.

Os bons cidadãos de fato não sabem da extensão da destruição eminente que vivemos. Por isso escrevo este livro, por isso quem chegou até aqui precisa ter a consciência de levar tal conhecimento adiante. Os bons cidadãos não sabem ainda o risco que significa a privatização do Sistema Elétrico Brasileiro, não sabem o que está realmente acontecendo.

Podemos apostar, contudo, que há alguns cidadãos que sabem de tudo isso, que conhecem cada meandro dos fatos que apresento aqui, mas são pessoas ligadas a esses eventos e preferem omitir-se. Porque os que estão comprando as empresas no Brasil são grupos poderosíssimos, e esse cidadãos que preferem se manter calados podem precisar delas no futuro.

Há outros que se omitem para evitar confrontar o poder, há outros silenciados a soldo. Resta que poucos cidadãos *de bem* saibam do perigo e estejam dispostos a lutar contra ele. Espero eu e espera a nação que tenhamos encontrado agora, em você, caro leitor, mais um valente soldado para lutar essa guerra santa contra os impiedosos que só querem o poder e o vil metal.

Lembre sempre que energia é fator de produção. Não é só a conta de luz que vai aumentar. Subirão o preço do pão, do açúcar, do frete, de tudo que envolve a energia elétrica, porque ela é fator de custo em todas as etapas para a produção de praticamente tudo. Até depois de produzido, o preço do produto sofre a consequência do gasto de luz do atacadista e do varejista. O preço da energia elétrica influencia tudo em forma de espiral. É dramática, acredite, a situação atual, o perigo envolto na privatização da Eletrobras.

Lembremos que grande parte do alumínio que produzíamos aqui passou a ser produzido na China. Há muitas coisas que compramos da China por ser mais barato comprar dela do que produzir no Brasil. Um dos fatores que torna mais barato trazer uma coisa que está do outro lado do mundo do que produzi-la aqui é o custo alto da nossa energia. Na China a energia é quase gratuita, por ser produzida nas usinas termonucleares que ela construiu no tempo em que o Brasil prendia o Almirante Othon, no tempo em que bombava aqui o movimento Gota d'Água, sabotando a construção das usinas hidrelétricas.

Aqui aparece a diferença entre um governo duro, que não permite um movimento como o Gota d'Água, e um governo democrático e refém da mídia e da formação da opinião pública, que aceita a ação do Gota d'Água contra a soberania nacional. Não defendo governos duros, defendo a nossa Constituição. Mas seria importante aprovar alguma legislação de proteção para casos como esse, em que o interesse nacional é confrontado de maneira clara e amplamente tendenciosa, mostrando problemas reais, é fato, mas sem se comprometer a apresentar qualquer alternativa.

Você conhece a Nigéria? Eu fui lá, posso falar várias coisas sobre o país, mas aqui importa dizer que lá não existe indústria. E isso não se dá para algum benefício do povo nigeriano, mas porque a elite nigeriana e os Estados Unidos juntos decidiram transformar a Nigéria em uma espécie de campo de exploração de petróleo. Eles não podem ter indústria, desenvolver-se, não podem sequer refinar o próprio petróleo, apenas sugá-lo do solo e despachar para o exterior. Aliás, na Nigéria, as empresas que exploram petróleo possuem geração própria de energia elétrica, porque não podem parar. Já o povo nigeriano se divide entre uma estreita elite de 0,001% da população, que tem geração própria, e a parte comum do povo, que é obrigado a viver com quedas de luz durante horas quase todos os dias.

Será que a Nigéria não conseguiria gerar eletricidade suficiente para si? Claro que sim, mas se tivesse a energia elétrica estável, conseguiria se desenvolver, deixaria de ser escrava dos anglo-americanos que exploram seu petróleo. Foi por este motivo que decidiram sabotar o sistema elétrico da Nigéria, para que não exista viabilidade industrial possível. Eles sabem que, com a oferta de mão de obra que têm, rapidamente a Nigéria poderia escapar do jugo em que vive.

Não nos sintamos tão longe do abismo, não duvidemos de o quanto estão trabalhando para nos rebaixar como nação, já que esta é a única maneira de manter todo o continente sul-americano sob controle. Ao contrário, lembremos que já voltamos a importar gasolina, enquanto estamos exportando petróleo e fechando refinarias.

Tudo que acontece em um país, assim como tudo que acontece em termos de geopolítica, está muito atrelado ao poder de comunicação. Nem precisava aqui citar exemplos, mas Trump e Bolsonaro são produtos de uma comunicação bem montada, capaz de vender fezes.

Você já ouviu isso: "Agro é pop". Olha que maneira sorrateira de nos fazer naturalizar a ideia de que nosso destino é ser Agro, de que não devemos ser um país industrializado, afinal é o Agro que é pop, não é mesmo? Não!

Se o Sistema Elétrico Brasileiro for vendido para o setor privado, e este decidir sabotar a indústria brasileira, ela vai acabar mais rápido do que já vem se acabando por ação da Lava Jato e do governo Bolsonaro. A primeira criminalizou a nossa indústria e nossos industriais; o segundo tem feito as indústrias desistirem do Brasil pela simples falta de mercado consumidor.

A tendência é a eterna manutenção de uma Fiesp, que congrega indústrias que vendem para fora do Brasil. Estas estão muito tranquilas com a fome e a miséria a que estamos assistindo em nosso país, são beneficiárias delas, inclusive. Notadamente beneficiárias do desemprego.

Enquanto o brasileiro estiver miserável, a mão de obra permanecerá barata, os nossos produtos se manterão mais baratos para os Estados Unidos. Ou seja, os americanos vão se locupletar com o que produzimos aqui, mas nós não teremos acesso a aos produtos. A empresas que se aproveitam deste sistema predatório não importa mercado interno forte, ao contrário.

Tudo isso pode parecer exagerado e que os danos não podem ser tão grandes. Mas podem. Se os novos donos do Sistema Elétrico decidirem sabotá-lo, em um mês fecham a maioria das indústrias no Brasil, porque nenhuma delas consegue suportar piques de energia elétrica. Aí teremos um processo de total ruralização do Brasil. Aí o Agro vai mesmo ter de ser pop.

Alguém dirá que não há problema, o Brasil tem riquezas naturais. Pois bem, a Nigéria é riquíssima em minerais e mesmo assim seu povo é miserável, porque não tem a dignidade de poder consumir o que produz. E mesmo tendo tanto petróleo, esse povo não tem energia para erguer uma fábrica. Em Lagos, que equivale ao que São Paulo é para nós (uma capital econômica) a energia elétrica cai todos os dias.

Acredite, assim como o Haiti, a Nigéria pode ser aqui!

Supercomputador do INPE ameaçado

O Instituto Nacional de Pesquisas Espaciais acaba de anunciar que não tem mais verbas para manter ligado o computador responsável pelo gerenciamento de dados fundamentais para o controle dos nossos recursos hídricos. Vamos aqui buscar demonstrar a importância do gerenciamento dos recursos hídricos e o que está por trás dos reais motivos para desligar o supercomputador do INPE.

Quando falta água nos reservatórios, precisamos gerar energia elétrica pela queima de carvão, óleo combustível e até o óleo diesel, ou seja, do mais poluente ao mais caro dos combustíveis usados na geração emergencial.

Nossa principal fonte de geração de energia no Brasil continua sendo a hidrelétrica. Além da famosa usina de Itaipu e da polêmica usina de Belo Monte, temos diversas usinas espalhadas pelo Brasil, e a grande maioria delas dispõe de reservatórios de água. Como nosso sistema elétrico é quase todo interligado, o Operador Nacional do Sistema vai monitorando o consumo e ajustando a produção em tempo real para que geração e consumo estejam sempre dentro de um limite de segurança.

A informação crucial é a quantidade de água que existe em cada reservatório. Para que o ONS tenha estimativas importantes como quanto da água liberada por uma usina acima vai chegar na usina abaixo, é preciso levar em conta que a água amenta quando chove, diminui por evaporação além de inúmeras outras variáveis envolvidas, como o consumo rural e urbano. Como se vê, não é um trabalho para uma pessoa munida de calculadora. Estamos falando de um país com área de 8,5 milhões de quilômetros quadrados, portanto é preciso sim um supercomputador!

Mas se o tal supercomputador é assim tão importante para a geração de eletricidade, como cogitam desligá-lo para poupar eletricidade? Talvez a resposta seja algo tão simples como: a falta de água nos reservatórios é o cenário perfeito para que especuladores, donos de usinas termelétricas, ganhem muito dinheiro. É tudo combinado adrede: Bolsonaro não pensou no sono do "cidadão de bem" quando acabou com o horário de verão, assim como nenhum administrador de sistema, em sã consciência, desligaria o computador responsável pelo gerenciamento do sistema.

Vivemos um momento que os especuladores se aproveitam do desarranjo político gerado no bojo do golpe de Estado e do governo inconsequente para tirar ainda mais uma casquinha do dinheiro de muitos, que embora numerosos não têm sabido se organizar para evitar a rapina.

Das ilegalidades

O que vimos até aqui demonstra que não há, sob nenhum aspecto, seja técnico, seja econômico, seja estratégico, razão para a entrega do nosso sistema elétrico às mãos ávidas de investidores oportunistas. Mas há um grande alento que nos faz manter a esperança de que esse verdadeiro crime não vai acontecer: a privatização da Eletrobras está sendo construída sobre os pilares de dois erros gritantes e gigantescos.

O primeiro se refere ao fato de que o governo não pode se valer de uma Medida Provisória para privatizar. O Senador Cid Gomes inclusive já tornou público que vai judicializar esta questão. Claro que, a esta altura, os deputados que cobraram milhões para votar em favor da medida já os embolsaram, pouco importando a eles se vai ou não ser revertido o crime da privatização uma empresa pública que ao cabo é pilar de todo o sistema elétrico.

Medida Provisória é prevista pela Constituição de 1988 como uma medida a ser tomada em momentos de extrema urgência, e não existe nenhuma atitude urgente necessária neste momento. Se o governo tivesse de lançar mão de uma Medida Provisória para contratar geradores, por exemplo, para salvarem o Amapá, seria algo factível, mas numa privatização como a da Eletrobras não há como defender qualquer urgência. Há, portanto, um erro de forma nessa privatização e, por isso, essa privatização, se houver, deverá acabar sendo barrada pelo STF, guardião da Constituição brasileira. Trata-se de uma batalha previamente perdida, mantida apenas para sustentar uma cortina de fumaça sobre outros fatos do governo de turno, especialmente os relacionados à CPI da Covid-19.

O segundo erro traz a lume a questão mais importante que está em jogo nesse movimento do governo, e diz respeito ao controle dos recursos hídricos, e isso precisa ser frisado para a sociedade. Como todos sabemos, nosso sistema elétrico tem seu melhor na geração hidrelétrica, e a água é (e cada vez mais será) o bem mais disputado pelas potências mundiais. E quem controla uma represa, controla a vazão, e isso pode ser muito mais sério do que pode representar à primeira vista. Os recursos hídricos naturais têm legislação específica, que controla tudo, da nascente à foz.

A batalha final será jurídica

Todo o nosso esforço será necessário para cobrar o STF que, como é público e notório, a muito custo é que decide contra os interesses das elites financeiras do país. É, portanto, preciso que exista um grande movimento social, e para que haja esse movimento social precisamos conquistar influenciadores. Eis um ponto fulcral, um objetivo claro, entre outros, deste livro.

Importa que, se, por um lado, será difícil reverter a MP da privatização da Eletrobras no legislativo, trata-se de um processo reversível tanto pela forma, a dizer, por ter sido feito por meio de uma Medida Provisória, como e principalmente porque a entrega do sistema elétrico é inconstitucional, por retirar dos comitês de bacias, a gestão dos recursos hídricos.

Pesarão ainda na ação futura a ser decidida pelo STF, as promessas para a melhora no preço da energia elétrica, que os fatos mostrarão que o contrário é o que acontecerá, isso em um sistema que só por administração viciada é que cobra pela energia o sexto maior valor do mundo, mesmo tendo inúmeras usinas hidrelétricas que, depois de ter incluído na conta o valor da usina durante trinta anos, agora já estão pagas.

Pesarão também os fatos sociais associados, uma vez que para a camada menos favorecida da nação a conta de luz representa um ônus pesadíssimo, comprometendo inclusive a segurança alimentar de milhões de famílias, e, por outro lado, o quanto esse preço é determinante na produção industrial, relativizando nossa capacidade competitiva, encarecendo os produtos também para o mercado interno, dificultando tanto os negócios quanto o acesso aos bens da indústria por parte dos cidadãos brasileiros.

Por fim há nesta privatização inúmeros "jabutis", ou seja, há trechos da lei que atendem a setores tão específicos, que a judicialização se torna natural e irrefreável. Para ver aprovada a Medida Provisória, o governo soltou todos os freios, permitiu todo tipo de intrusão, mas que são o germe que contaminará todo o processo. Mesmo assim, tudo dependerá de nós, da nossa luta, uma luta para a qual estão conclamados todos os cidadãos realmente de bem deste país.

As razões para lutar contra a privatização da Eletrobras

As razões para lutar contra a privatização da Eletrobras, lutar contra a entrega do setor elétrico para o controle internacional são muitas, mas tem uma que se sobressai, e ela é calcada no fato de que o novo dono da Eletrobras, o novo "dono do sistema", ou por causa de dinheiro ou até de uma razão ainda mais deletéria à nação passa a poder derrubar completamente o sistema elétrico brasileiro, a seu bel-prazer, na hora em que bem entender, na hora que isso puder ser lucrativo pra ele.

De pouco adianta retomarmos a democracia, ou até mesmo um governo nacionalista ganhar as próximas eleições, se não tivermos condições estruturais para que a indústria nacional cresça, se a nossa soberania já estiver completamente relativizada.

Existem vários eufemismos, várias mentiras que se parecem com verdades sendo espalhadas, entre elas a que evita o termo privatização, dizendo que o setor público receberá um aporte, como se contássemos com um bom samaritano disposto a fazer um sacrifício pessoal em nome de um bem à população brasileira. Balela das balelas!

O que torna uma empresa estatal é o fato de mais de cinquenta por cento do seu capital social pertencer ao Estado. Isso a torna uma empresa pública mista, ou seja, empresa com controle público que recebe investimentos privados em troca de dividendos. Em empresas que atendem a esse preceito, mesmo que tenha sócios investidores, quem manda na empresa é o governo do Brasil. No caso da Eletrobras, no momento que houver esse aporte de Capital Privado, o Brasil terá perdido o controle sobre a empresa, sobre o sistema elétrico. O Estado brasileiro passa à condição de mero acionista.

A partir desse momento, os diretores privados podem negociar com países concorrentes, como por exemplo os Estados Unidos, para sucatear, fazer obsolescência programada, ou até desligar frequentemente a nossa luz para assim fomentar o desajuste social e político e, principalmente, quebrar nossa indústria.

Quando for efetivado o que está sendo tramado pelo governo de turno, a Eletrobras deixa a condição de empresa mista para empresa privada, quando o ideal seria termos o sistema controlado por uma empresa pública de fato, com cem por cento do capital e do controle na mão do Estado.

Temos cada vez menos empresas públicas, como por exemplo a Caixa Econômica Federal. Ela não tem capital privado, é, portanto, do Brasil, do Estado brasileiro. Mas, quando o estado perde a capacidade de investir, tornar mista uma empresa realmente pública é uma opção válida. O próprio ex-presidente Lula vê com bons olhos uma empresa mista, porque apesar de uma empresa mista ter a participação do capital privado e com ele dividir lucros, quem manda na empresa mista é o Estado brasileiro, portanto, ela pode atender ao interesse comum da nação.

Vejamos o caso da Petrobras, que é uma empresa mista. O fato de ser mista não impediu o governo progressista de fazer política pública de controle da inflação por meio da contenção na precificação dos seus produtos, em especial do diesel mais barato para o caminhoneiro. Como efeito secundário natural, com isso obtinha-se a redução do custo do frete, impactando pra baixo os preços dos produtos em geral, gerando, portanto, um ciclo virtuoso.

Agora, uma empresa a qual o Estado detenha menos de 50% das ações, uma tal política seria impossível, porque esta empresa será gerida pelo setor privado e estará totalmente focada no lucro, pouco se importando com os efeitos deletérios que qualquer decisão em favor do lucro da empresa gere na população em geral.

Uma empresa com participação societária minoritária do governo funcionará como a Globo e Record, que estabelecem seus preços sempre no volume máximo de lucro, ou seja, sempre o preço máximo que as pessoas estejam dispostas a pagar. Agora, a Globo e Record pelo menos concorrem entre si, e, se uma exagerar no preço seu público vai investir na outra marca. Já na Eletrobras não há a figura do concorrente, o que torna essa privatização em crime moral consumado.

Existe uma modalidade de atendimento ao público que é diferente do modelo estatal ou misto, trata-se das PPPs. Ela acontece, por exemplo, quando o há demanda por uma estrada, mas o Estado não dispõe de tecnologia, capital ou mesmo porque a burocracia atrapalharia a realização eficiente do projeto. Neste caso, a sociedade realiza uma parceria com o setor privado que faz a estrada e, em contrapartida, explora o pedágio por um número pré-determinado de anos. Este é um modelo que, desde que seja tratado com rigor e lisura, não gera prejuízo à sociedade especialmente se for mantido o preceito legal que para pedagiar uma estrada o usuário tenha outra opção não pedagiada ligando os mesmos pontos. Mas este modelo também nada tem a ver com o que se está fazendo com a Eletrobras.

O "Bom Samaritano" que faz aporte de capital na Eletrobras o faz tão-somente no intuito de comprar a Eletrobras, de passar a dominar o setor elétrico do país. Se quisesse investir no sistema elétrico brasileiro não precisaria comprar a Eletrobras, fazer aporte de Capital na Eletrobras, poderia investir no sistema elétrico brasileiro, um sistema que já é aberto ao capital privado, criando uma nova empresa geradora de energia.

Quem sabe esse ser abençoado poderia investir na geração solar, ou quem sabe na geração eólica, menos rendosa, mas ecologicamente correta. Não, só quer tomar a Eletrobras, o desinfeliz.

Nova geração? Só a gás. Por quê? Porque os Estados Unidos estão estocando muito gás, e logo os Estados Unidos vão começar a nos enviar esse gás liquefeito, essas usinas já trazem embutidas essa compra do gás dos Estados Unidos, ou seja, trata-se de um Cavalo de Tróia no sistema elétrico brasileiro. Lembrando que hoje nas usinas geradoras a gás o custo do megawatt é superior a 300 reais, enquanto na usina geradora a água o custo é de 40 reais.

O uso da luz natural

Este foi o tema do meu trabalho de conclusão de curso quando me graduei em Engenharia de Produção. À época, inclusive, meu orientador, que trabalhava na AcelorMittal, levou o projeto para sugerir que fosse implantado naquela empresa.

A ideia é valer-se da luz do sol para iluminar grandes ambientes, como uma fábrica, por exemplo. Claro que não se pode deixar a luz do sol como fonte exclusiva de iluminação, devido à variação a que ela naturalmente está sujeita.

Essa limitação, contudo, com o desenvolvimento da eletrônica, pode ser superada. É possível automatizar o intercâmbio da luz do sol pela luz produzida por LEDs sempre que isso se tornar necessário. E, claro, a iluminação por LEDs pode substituir completamente a luz solar durante uma trovoada, por exemplo, mas também pode substituir parcialmente, de forma complementar, quando a luz solar não estiver plena.

É possível instalar um equipamento que faça a compensação em tempo real, permitindo que você tenha o nível de iluminação ideal de forma constante, ora vindo diretamente da estrela solar, ora usando as duas fontes de forma complementar, ora valendo-se apenas da iluminação artificial, como no período noturno, por exemplo.

Essa, ao lado do aquecimento direto da água pela incidência dos raios solares, é outra maneira exitosa de aproveitar radiação solar sem precisar a converter primeiramente em eletricidade, uma vez que assim fazendo haverá perda no duplo processo de converter luz solar em energia elétrica e, depois, energia elétrica em luz.

Esse mesmo sistema de iluminação complementar pode iluminar grandes shoppings, ginásios de esportes e, claro residências. Em qualquer desses casos se obtém uma luminosidade constante ao implementar sensoriamento de luminosidade e controle eletrônico dos LEDs.

Havendo vontade política, o estado pode facilitar a implantação desses sistemas, financiando a longo prazo, viabilizando para os usuários o pagamento do sistema com o que economiza na conta, no mais pleno do chamado método do ganha-ganha, tão caro à direita liberal. Haveria economia de recursos naturais com consequente preservação do meio ambiente e redução de emissão de gases de efeito estufa; haveria aumento na oferta de energia, fomentando o desenvolvimento; haveria redução nos custos de geração de energia, com o barateamento das contas de luz.

A eficiência compensa melhor a perda da oferta

Historicamente o homem sempre demandou recursos naturais do planeta para sua subsistência. Nenhum maior problema houve enquanto existiu um equilíbrio entre a nossa necessidade de exploração com a natural reposição do que ia sendo consumido. Esse equilíbrio se manteve até aproximadamente o fim do que conhecemos como pré-história, que termina ao redor do ano 4000 a.C. Desde a chamada antiguidade, que vai de 4000 a.C até 476 d.C, esse equilíbrio vai diminuindo, mas de forma tênue o suficiente para sequer ser percebido. Na Idade Média, que vai de 476, ano da queda do Império Romano Ocidental, até o ano 1453, ano da tomada de Constantinopla, que impôs o fim do Império Romano Oriental, o desiquilíbrio se deu de forma crescente, embora ainda dentro de parâmetros bastante aceitáveis em praticamente todo o mundo, exceto na Europa, principalmente, onde o desmatamento desenfreado já ocasionava os primeiros sinais negativos. Na Idade Moderna, que vai de 1453 a 1789, ano da Revolução Francesa, devido à redução populacional decorrente da Peste Negra que, no século XIV havia dizimado entre 75 e 200 milhões de pessoas, reduzindo de 30 a 60% por cento da população europeia (os dados são imprecisos), que levou de dois a cinco séculos para ser reposta (a depender da região), a demanda por recursos naturais se manteve em níveis aproximados aos da Idade Média. Depois da Idade Moderna, que finda em 1789, inicia-se a Idade Contemporânea, na qual vivemos hoje.

É neste justo momento, final do século XVIII, que acontece a chama Revolução Industrial, impulsionada pelo desenvolvimento da máquina a vapor, que gradativamente foi substituindo o homem no esforço na produção de produtos. Em última análise essas máquinas maravilhosas funcionavam a partir da energia do calor (que evaporava a água e assim gerava pressão capaz de fazer girar um eixo) e para gerar esse calor a natureza começa a ser demandada, seja pela madeira para fornalhas, seja pelo carvão mineral das minas etc. Logo depois de equipar fábricas, essas caldeiras foram colocadas sobre rodas que rodavam sobre trilhos. Estava inventado o transporte coletivo motorizado.

A iluminação das casas era feita a partir do óleo de baleia, que, por isso, começa a escassear nos oceanos. Para que as residências da burguesia não ficassem no escuro é que nasceu nos Estados Unidos do século XIX o embrião do refino do petróleo, naquela ocasião, limitado à produção do querosene.

A descoberta de novos derivados do "óleo de pedra" permitiram o desenvolvimento do motor a explosão, dos tipos *ciclo otto* e *ciclo diesel*, que até hoje equipam nossos veículos. A esteira de produção de Ford permitiu a construção de automóveis em série. A linha de montagem, os barateavam sobremaneira, que vivemos a explosão do transporte individual motorizado.

O petróleo passou a dominar toda a geopolítica, dada a centralidade de sua importância para o desenvolvimento das nações. Sua importância ficou ainda mais patente quando a Alemanha nazista perde gradativamente seu potencial ofensivo na Segunda Grande Guerra por ver sua frota ficar simplesmente sem combustível.

O petróleo, que inicialmente foi explorado nos Estados Unidos, rapidamente passou a ser explorado por todos os cantos do mundo e sua produção se multiplicava ano a ano até que, em 1973, a OPEP, que congregava os principais países produtores resolver limitar a produção, forçando assim uma grande sobrevalorização no preço do barril, sob o argumento da finitude do petróleo.

Um dos efeitos imediatos, claro, foi a elevação do preço dos derivados do petróleo, como o da gasolina, tendo como efeito secundário a diminuição do interesse e mesmo das condições materiais de empresas e famílias utilizarem automóveis, diminuindo, por consequência o interesse em adquiri-los.

Com a tendência natural do aumento de preço dos derivados de petróleo e devido ao forte apelo ambiental pela redução na emissão de gases do efeito estufa, restou à indústria investir ainda mais em tecnologia que fizesse seus veículos consumirem menos, oferecendo a mesma potência, algo que naturalmente já acontecia, mas que se tornava então premente como nunca.

O apelo político pela redução no consumo de hidrocarbonetos se tornou tão forte que é comum que em alguns países, como os europeus, o imposto pago pelo veículo esteja atrelado ao nível de emissão de carbono e não à propriedade, como é o caso do IPVA no Brasil.

Uma primeira atitude foi a de diminuir o peso do veículo, substituindo espessos materiais metálicos, por chapas mais finas, polímeros e compósitos como a fibra de vidro e a fibra de carbono.

Os motores, por seu turno, também receberam grande atenção e investimentos, que gradativamente foram reduzindo seu tamanho (consequentemente seu peso) e aumentando a eficiência. Com o uso da eletrônica, os motores sofreram verdadeira revolução, com injeção e explosão controladas por centrais digitais.

A geração de energia elétrica para o automóvel que até meados dos anos 1970, era realizada através de geradores e dínamos, foi substituída pela geração alternada trifásica dos alternadores. Os dínamos produziam energia de acordo com a rotação do motor de combustão. Além de produzirem muita interferência em equipamentos eletrônicos (aqueles estalos no rádio do fusca), dínamos "jogavam energia fora" pois a geração não usada pelo automóvel se convertia em calor no circuito elétrico e na bateria, que naquela época precisavam de manutenção constante com água destilada.

A primeira geração de alternadores já contava com a retificação/regulação por dispositivos eletrônicos, evitando o sacrifício da bateria e a geração muito além do consumo. Já os alternadores mais modernos controlam de forma eletrônica a geração, permitindo por exemplo que o alternador não participe do momento de partida do motor e regulando a geração e consequentemente o consumo de combustível de acordo com a demanda elétrica do automóvel.

Como a geração de energia para o automóvel demanda torque do motor, aumentando portanto o consumo, a evolução desde o dínamo ao atual alternador controlado eletronicamente levou à diminuição no consumo de combustível.

O estado da arte-técnica da indústria automobilística é sim o carro elétrico, abastecido em casa por uma geradora fotovoltaica do proprietário, mas como isso é ainda realidade acessível a poucos, podemos dizer que os veículos a combustão interna possuem recursos avançados que permitem inclusive desligar o motor nos momentos em que o motorista está "garrado" no trânsito ou mesmo aguardando o sinal verde do semáforo.

O resultado de tudo isso é muito mais gente sendo transportada com um volume menor de petróleo sendo consumido.

Qual a função de discutirmos neste livro esse assunto automobilístico? É o de demonstrar que a solução para a queda na oferta pode estar no investimento para aumento da oferta, mas nem sempre essa é a única solução, e dificilmente é á melhor.

Daí a importância de discutirmos nesse livro o aproveitamento direto dos raios solares, para diminuir a demanda por energia elétrica. Como falamos, o maior desafio do sistema é manter a estabilidade, o que obriga a que a energia seja gerada no exato momento de seu consumo, fazendo do pico de consumo responsável pelo despacho das térmicas e pelo aumento no preço.

Com um programa de aquecimento de água por energia solar, reduziríamos drasticamente o consumo, que se dá nos horários em que as pessoas ligam o chuveiro elétrico, um equipamento reduzido em tamanho, mas que consome uma quantidade elevadíssima de energia, comparável a mais de 700 lâmpadas LEDs ligadas simultaneamente!

Com o sistema de apreoveitamento da luz solar na iluminação teríamos grande diminuição no consumo, o que nos permitiria poupar água nos reservatórios das usinas, para que tenham assim condições de dar vazão máxima nas turbinas nos horários de pico, demandando menos a termelétricas.

O que dizemos aqui pode ser novidade para você, caro leitor, mas não é novidade para quem é "da área". A questão aqui não é trazer ou apresentar novos conhecimentos, mas sim divulgar um conhecimento científico existente, que só não é usado por conveniência de alguns que, embora poucos, são os que detêm o controle sobre o que se faz a esse respeito.

As propostas apresentadas por nossos políticos são todas no sentido de aumentar a geração, por métodos caros e ultra poluentes. Nada se vê no sentido de diminuir o consumo. Se até as campanhas de conscientização foram abandonadas nos últimos tempos, dificilmente teremos investimentos políticos na real solução do problema.

Se a indústria automobilística tivesse seguido esses passos por certo que já teríamos secado o último poço de petróleo e estaríamos sem saída, o que ironicamente poderia até significar mais saúde à população que seria obrigada a fazer uma caminhada, mas um caos na vida real já que o petróleo ainda é importante fonte energética e estamos distantes de podermos abandonar os motores de combustão interna, mesmo com todo o esforço na modernização e popularização dos veículos elétricos.

É inteiramente possível diminuir drasticamente o consumo de energia elétrica no Brasil e, ao mesmo tempo, aumentar o conforto que as pessoas obtêm hoje com esse consumo.

O que revolta é perceber que isso não é segredo, ao contrário, nossos algozes sabem disso, e trabalham o mito do "assunto complexo" para que poucos se interessem e falar sobre o tema. Daí a importância de derramarmos ao máximo essas informações. Já não basta estampá-las em faixas e cartazes ou, mesmo gritá-las nos megafones ou em carros de som. Os tempos são outros. É preciso levá-las aos formadores de opinião. O assunto é simples e não é segredo para quem é da área, trata-se de informação ainda muito restrita, que pela ação de alguns é sorrateiramente omitida da população.

Aquecimento da água - mais viável que pode parecer

Um sistema de aquecimento de água por meio da energia solar, ideal para uma família de 4 pessoas é composto por um boiler - reservatório térmico (que mantém por dias a água aquecida), e as placas coletoras.

O reservatório já vem com apoio elétrico para aquecer a água em dias de uso mais intenso e/ou de pouco ou nenhum sol. Veja-se que, caso seja acionado o apoio elétrico (o que se dá de forma automática sempre que a temperatura baixar de um valor mínimo ajustável pelo usuário) o consumo de energia se dará em geral em horários diferentes, e mesmo assim com 20% da potência do chuveiro. Isso ajuda sobremaneira no alívio do sistema de geração, transmissão e distribuição durante o horário de pico.

Um sistema de 200 litros e dois coletores é oferecido no Brasil hoje na faixa de dois mil e quinhentos reais, um pouco menos de quinhentos dólares. O custo de manutenção é extremamente baixo, tendente ao nulo. O tempo de vida útil é de vinte anos, aproximadamente.

Ora, se o governo oferecesse a viabilidade de comprar pagando 60 parcelas de R$ 56,00, que, incluindo os juros para o BNDS, totalizaria três mil, trezentos e sessenta reais, o custo do equipamento para o usuário seria igual a zero, pois a redução em sua conta de luz seria equivalente a esse valor aproximadamente. Passados os sessenta meses (5 anos), o mesmo equipamento funcionaria por pelo menos mais quinze anos, gerando economia familiar, beneficiando o meio ambiente, e favorecendo o desenvolvimento do país.

Mas dois custos que não foram previstos nesta conta, a saber, a mão de obra e materiais necessários para instalação. Quanto à mão de obra, em querendo, o proprietário da casa, seguindo um bom manual tem plenas condições de executar o serviço. Caso prefira pagar a um profissional, dificilmente esse custo excederia 300 reais.

Quanto aos materiais necessários, tudo vai depender das condições. Em uma casa em construção tudo fica mais fácil. Algumas conexões e algumas barras de cano CPVC, apropriados para água quente resolvem tudo, custando algo ao redor de mais 300 reais.

Para casas prontas, que só possuem tubulação para água fria, a modalidade de instalação seria pensada caso a caso, mas até realidades de instalação mais complexas podem ser contornadas, usando um misturador para o cano que vai para o chuveiro. Neste caso a temperatura da água ficaria restrita ao que suporta o PVC comum. O chuveiro elétrico pode ainda ser instalado, mas acionado apenas para complementar o aquecimento já proporcionado pelo sol.

Da mesma forma podemos pensar os benefícios do aquecimento direto da água na preparação dos alimentos. No cozimento, o gás ou a eletricidade já assumiriam o trabalho com a água pré-aquecida, gerando economia também na cozinha.

Outro fator importante é que tanto o reservatório térmico com aquecimento elétrico de apoio, quanto as placas coletoras não envolvem tecnologia avançada, podem ser produzidos em pequenas oficinas. Na minha cidade, mesmo, vale registrar, meu amigo Leôncio, através da Alternativa Solar, tem gerado há décadas faturamento e emprego local. Aliás, ouso afirmar que a Alternativa Solar sozinha evitou mais emissão de carbono que a ação de 99% dos políticos ambientais brasileiros!

Se o Estado começa a disponibilizar para empresas e famílias sistemas mais eficientes de iluminação e de aquecimento de água, entre outros, o resultado imediato seria a drástica redução no consumo da energia gerada por termoelétricas, tudo que mais precisamos, tanto para a segurança e integridade do sistema, para a conservação do meio ambiente e para mantermos bem mais baixas as contas de luz.

Mesmo ante essas evidências, Kátia Abreu e o governo Bolsonaro preferem defender a construção de usinas geradoras de energia elétrica através do gás. Aí, depois de converter esse gás em energia elétrica, transmitir e distribuir essa energia por milhares de quilômetros, para quê? Para aquecer água e iluminar ambientes, algo que poderia, como se viu, ser evitado já que o sistema atual não precisa ser ampliado, mas aliviado!

Desculpe o adjetivo, mas não tem como evitá-lo, essa é a forma mais estúpida de pensar o sistema elétrico. Mas não nos enganemos, não é por estupidez que os barões da energia não implementam uma coisa tão óbvia assim, é porque lucram com a venda do gás, com a venda do diesel, com a venda do carvão mineral, e, por fim, com a venda de energia.

São os barões da energia ligados aos agentes que protagonizaram o golpe no Brasil, são eles mesmos também agentes, e agem sobretudo para impedir que prospere o nosso povo. É apenas a hipocrisia deles que nos separa do aproveitamento da abundância do sol, para nos colocar nas mãos dos Estados Unidos como fornecedores de gás no futuro bem próximo.

Sim, muito em breve estaremos importando gás liquefeito dos Estados Unidos para produzir energia elétrica no Brasil, um país fornido de rios e hidrelétricas, e que tem uma radiação solar ímpar. Este estado de coisas, contudo, pode ser evitado: se a gente lutar e vencer.

À luta, companheiros!

pólen soft 80 gr/m2
tipologia cardo
impresso no outono de 2021